LAODONG JIAOYU YU SHIJIAN

劳动教育与实践

| 高职版 |

主　编 ◎ 周兴国　宣岩松　辛治洋
副主编 ◎ 金　云　董彩荣

北京师范大学出版集团
BEIJING NORMAL UNIVERSITY PUBLISHING GROUP
安徽大学出版社

图书在版编目(CIP)数据

劳动教育与实践:高职版/周兴国,宣岩松,辛治洋主编. —合肥:安徽大学出版社,2022.12
ISBN 978-7-5664-2473-0

Ⅰ.①劳… Ⅱ.①周… ②宣… ③辛… Ⅲ.①劳动教育—高等职业教育—教材 Ⅳ.①G40-015

中国版本图书馆 CIP 数据核字(2022)第 160824 号

劳动教育与实践(高职版)　　周兴国　宣岩松　辛治洋 主编

出版发行:	北京师范大学出版集团 安 徽 大 学 出 版 社 (安徽省合肥市肥西路3号 邮编230039) www.bnupg.com www.ahupress.com.cn
印　　刷:	安徽昶颉包装印务有限责任公司
经　　销:	全国新华书店
开　　本:	787 mm×1092 mm　1/16
印　　张:	13.5
字　　数:	198千字
版　　次:	2022年12月第1版
印　　次:	2022年12月第1次印刷
定　　价:	35.00元

ISBN 978-7-5664-2473-0

策划编辑:姜　萍　王　黎　胡国娥　蒋　松	装帧设计:李伯骥
责任编辑:姜　萍	美术编辑:李　军
责任校对:王　晶	责任印制:陈　如　孟献辉

版权所有　侵权必究

反盗版、侵权举报电话:0551-65106311
外埠邮购电话:0551-65107716
本书如有印装质量问题,请与印制管理部联系调换。
印制管理部电话:0551-65106311

《劳动教育与实践（高职版）》

审定委员会
（按姓氏拼音排序）

戴家芳　路宝利　杨林国　张正光　张志刚

编写指导委员会

主　任　王家祥
副主任　沈绍中　张志刚
委　员（按姓氏拼音排序）

董彩荣　窦红平　方海东　方章东
胡冬荣　胡晓曼　金勤文　李劲峰
鲁翔宇　马　俊　牛志伟　秦翠红
宋　帅　陶　婉　汪志伟　吴多智
易明芳　张丹香　张　悦　张　征

前言

劳动是人类发展和社会进步的根本力量,劳动创造人、劳动创造价值、劳动创造财富、劳动创造美好生活。习近平总书记指出:"中华民族是勤于劳动、善于创造的民族。正是因为劳动创造,我们拥有了历史的辉煌;也正是因为劳动创造,我们拥有了今天的成就。"热爱劳动是中华民族的传统美德。

习近平总书记高度重视青少年劳动教育,立足中国特色社会主义进入新时代这一新的历史方位,对劳动和劳动教育作出一系列重要论述。为加强新时代大中小学劳动教育,认真贯彻落实习近平总书记关于教育的重要论述,2020年3月,中共中央、国务院发布《关于全面加强新时代大中小学劳动教育的意见》,就全面贯彻党的教育方针,加强大中小学劳动教育进行了系统设计和全面部署。2020年12月,中共安徽省委、安徽省人民政府结合安徽省高校劳动教育发展情况,出台了《关于全面加强新时代大中小学劳动教育的实施意见》,明确提出学校要切实承担劳动教育主体责任,将劳动素养纳入学生综合素质评价体系,把劳动素养评价结果作为学生评优评先的重要参考和毕业依据。日益健全的制度体系必将有力地推动全面加强大学生劳动教育、帮助大学生树立正确的劳动观。

劳动教育是新时代党对教育的新要求,是中国特色社会主义教育制度的重要内容,是全面发展教育体系的重要组成部分,是职业院校必须开展的教育活动。劳动教育具有鲜明的思想性、突出的社会性、显著的实践性。职业院校开展劳动教育的总体目标是准确把握社会主义建设者和接班人的劳动精神面貌、劳动价值取向和劳动技能水平的培养要求,全面提高学生劳动素养,使大学生树立正确的劳动观念、具备必备的劳动能力、培育积极的劳动精神、养成良好的劳动习惯和品质。

为了让职业院校学生上好劳动教育这门必修课,我省高校相继开设起劳动教育方面课程,为扎实推进大学生劳动教育迈出了坚实的步伐。为了配合"劳动教育与实践"课程更好地开展教育教学工作,促进高校劳动教育质量和大学生劳动技能素养提升。根据这门课程的基本要求,本教材以习近平新时代中国特色社会主义思想为指导,全面贯彻党的教育方针,落实全国教育大会精神;牢牢把握育人导向,围绕培养担当民族复兴大任的时代新人,着力提高大学生综合素质,促进大学生全面发展;把准高校劳动教育价值取向,促进大学生增进劳动认知、深植劳动情怀、锤炼劳动品质、养成劳动习惯,形成正确的劳动价值观,激发学生热爱劳动的内生动力,系统提升劳动素质,促进全面发展。

本教材由"劳动观念篇""劳动精神篇""劳动实践篇"三个模块九章内容构成。第一章主要介绍劳动的本质、形态,劳动的历史命运以及劳动的个体生命价值。第二章从劳动与社会的角度,阐述了劳动在构建社会关系、孕育社会道德、推动社会发展方面的作用。第三章从劳动与个人的角度,揭示了劳动是个人幸福人生的源泉,个人通过劳动能够创造美好生活、实现人生理想。第四、五、六章对劳动实践中形成的劳动精神、工匠精神和劳模精神作出细致阐述。其中第四章阐释了劳动精神的内涵、特征以及时代价值;第五章阐释了工匠精神的内涵、特征,以及掌握工匠精神的意义;第六章阐释了劳模精神的内涵、历史演变及其重要作用。第七、八、九章分别从习惯与素养养成、安全保障、法律法规三方面介绍了劳动的相关知识。第七章涉及劳动习惯的培养、劳动品质的塑造和劳动素养的培育等内容;第八章包括劳动安全和劳动保护的相关知识;第九章包括劳动法、劳动合同法、劳动保障法和劳动争议调解仲裁的相关内容。通过学习和掌握相关知识,意在引导学生增强劳动意识,树立牢固的劳动法治观和正确的劳动道德观。本教材还配有大量视频,学生只需拿起手机"扫一扫",精美有趣的视频便跃然眼前,带领学生直观感受劳动的魅力。

本教材由安徽省各个高校教师代表共同完成,具体分工如下:第一章,周兴国(安徽师范大学);第二章,李劲峰(安徽职业技术学院);第三章,张丹香、金勤文、胡冬荣、鲁翔宇(安徽国际商务职业学院);第四章,吴多智(巢湖学院);第五章,金云(安徽水利水电职业技术学院);第六章,秦翠红(安徽水利水电职业技术学院);第七章,董彩荣(安徽水利水电职业技术学院);第八章,牛志伟(芜湖职业技术学院);第九章,汪志伟、易明芳(黄山学院)。安徽师范大学周兴国教授和辛治洋教授、安徽职业技术学院宣岩松副校长、安徽水利水电职业技术学院金云副教授负责拟订编写大纲,确定编写体例,并承担全书的统稿、定稿工作。

本教材在编写过程中参考了一些教育资源和同行的论著,也得到了兄弟院校老师们的大力支持,因无法与原作者及时取得联系,在此一并致谢与致歉!由于编者水平所限,本教材可能存在诸多不足,敬请专家和同行指正。

宣岩松
2022 年 10 月

目录

劳动观念篇

第一章 劳动与人 //1

【学习目标】

【劳动榜样】

全国劳动模范艾爱国:一辈子当个好工人 //4

一、劳动的形态及其本质 //5
（一）劳动是普遍的社会现象 //5
（二）劳动的形态 //6
（三）劳动的本质 //8

二、劳动的历史命运 //11

三、劳动的个体生命价值 //14
（一）劳动创造了人 //14
（二）劳动塑造个体自我 //17
（三）劳动实现个体自我 //18

【劳动实践】

走近劳动模范 //20

【学习反馈】

第二章 劳动与社会 //23

【学习目标】

【劳动榜样】

龙兵：平凡英雄的不凡人生 //24

一、劳动构建社会关系 //25
（一）人的本质是一切社会关系的总和 //26
（二）社会关系起源于人类生产劳动 //26

（三）劳动是全部社会关系形成的基础　//27
　　（四）劳动分工形成多种社会关系　//28
　　（五）劳动关系是社会经济关系地位的本质体现　//29
二、劳动孕育社会道德　//30
　　（一）生产劳动是社会道德形成的基础　//30
　　（二）劳动关系是道德的核心内容　//32
三、劳动推动社会发展　//34
　　（一）生产劳动是人类社会存在和发展的基础　//34
　　（二）劳动使个人得到全面发展，继而促进社会发展与进步　//36
　　（三）劳动是推动人类社会发展的根本力量　//37

【劳动实践】
　　阅读《画说平凡劳动者的感人故事》　//39

【学习反馈】

第三章　劳动与人生 //42

【学习目标】

【劳动榜样】
　　平凡快递，创造美好生活　//43

一、劳动是幸福的基础和源泉　//43
　　（一）劳动创造幸福　//44
　　（二）劳动实践是幸福的实现路径　//45
　　（三）劳动促进幸福目标的实现　//45
二、劳动创造美好生活　//46
　　（一）劳动创造美好生活的基础作用　//47
　　（二）劳动创造美好生活的历史实践　//48
　　（三）劳动创造美好生活的现实路径　//49
三、劳动助推人生理想的实现　//51
　　（一）人生理想是个人理想与社会理想的辩证统一　//52
　　（二）劳动实践性是人生理想的重要特征　//53
　　（三）人生理想的实现需要付出艰辛的劳动　//55

【劳动实践】
　　组织一次以"当代青年是否还需要艰苦奋斗"为主题的辩论会　//57

【学习反馈】

劳动精神篇

第四章 劳动精神 // 63

【学习目标】

【劳动榜样】

　　袁隆平：田间地头走出的共和国勋章获得者 //64

一、劳动精神的内涵 //65

　　（一）劳动精神的概念 //66

　　（二）劳动精神的时代价值 //68

二、劳动精神的传承 //70

　　（一）劳动精神的中华传统文化特征 //70

　　（二）劳动精神的社会主义特征 //71

　　（三）劳动精神的新时代特征 //73

三、劳动精神的践行 //77

　　（一）劳动精神成就时代新人 //77

　　（二）用行动弘扬新时代劳动精神 //80

【劳动实践】

　　寻找劳动者的足迹——用微视频记录身边劳动者日常工作的一天 //82

【学习反馈】

第五章 工匠精神 // 85

【学习目标】

【劳动榜样】

　　赵震：我拥有世界上最棒的工作 //86

一、工匠精神的内涵 //87

　　（一）工匠精神的概念 //88

　　（二）工匠精神的时代特征 //89

　　（三）工匠精神的当代价值 //91

二、工匠精神的传承 //94
    (一)中国历史上的工匠精神 //94
    (二)传统工匠的现代转型 //96
    (三)中国古代工匠精神的价值传承 //98

三、工匠精神的践行 //100
    (一)弘扬"劳动光荣""职业平等"的价值观 //100
    (二)培育新时代工匠精神 //101
    (三)在劳动中铸就新时代工匠 //103

【劳动实践】
    "工匠精神在我家"假期社会劳动 //105

【学习反馈】

第六章 劳模精神 //108

【学习目标】

【劳动榜样】
    全国劳模夏力:劳动最光荣,风雨无阻摆渡人 //109

一、劳模精神的内涵 //110
    (一)劳模与劳模精神 //110
    (二)劳模精神的时代意蕴 //113
    (三)劳模精神的当代价值 //114

二、劳模精神的传承 //116
    (一)新民主主义革命时期的劳模精神 //116
    (二)社会主义革命和建设时期的劳模精神 //118
    (三)改革开放以来的劳模精神 //119

三、劳模精神的践行 //121
    (一)培育劳动情怀 //121
    (二)弘扬劳模精神 //123
    (三)让劳模精神在奋斗中熠熠闪光 //124

【劳动实践】
    观看《永不过时的劳模精神》 //126

【学习反馈】

劳动实践篇

第七章 劳动习惯与素养 // 131

【学习目标】

【劳动榜样】

　　守护万家灯火的"银线舞者"廖志斌　//132

　一、劳动习惯　//133

　　（一）劳动习惯的概念　//133

　　（二）劳动习惯的培养　//134

　　（三）劳动习惯的实践　//136

　二、劳动品质　//140

　　（一）爱岗敬业　//141

　　（二）诚实守信　//141

　　（三）精进不休　//142

　三、劳动素养　//143

　　（一）劳动素养的内涵与特征　//143

　　（二）劳动素养的构成　//145

　　（三）劳动素养的评价　//147

【劳动实践】

　　从《二十四节气歌》中感受劳动人民的智慧　//148

【学习反馈】

第八章 劳动安全与保护 // 151

【学习目标】

【劳动榜样】

　　何世嵩：从安全员到劳动模范　//152

　一、劳动安全　//153

　　（一）劳动风险　//153

　　（二）劳动安全　//157

二、劳动保护 //161
　　（一）劳动保护 //161
　　（二）劳动保障 //164
三、劳动纪律 //168
　　（一）劳动安全规程 //168
　　（二）劳动纪律 //170
　　（三）遵守劳动安全规程和劳动纪律 //173
【劳动实践】
　　安全消防演练 //175
【学习反馈】

第九章　劳动法规与保障 //178

【学习目标】
【劳动榜样】
　　用法律和大爱伸张正义——劳动模范修保律师依法维权 //179
一、劳动法与劳动合同 //179
　　（一）劳动法概述 //180
　　（二）劳动法律关系 //181
　　（三）劳动合同法 //182
二、劳动就业与劳动保障 //189
　　（一）劳动就业 //190
　　（二）职工社会保险 //191
三、劳动争议与常见纠纷 //194
　　（一）劳动争议的概念和特征 //194
　　（二）劳动争议处理方式 //195
　　（三）大学生跟岗（顶岗）常见纠纷及救济 //197
【劳动实践】
　　开展一次"职业院校实习生劳动权益保护"调查研究 //198
【学习反馈】

劳动观念篇

第一章
劳动与人

学习目标

理解马克思主义关于"劳动创造了人本身"的内涵，认识和把握劳动的本质，了解劳动的不同形态；清楚劳动地位的历史演变及发展，掌握马克思主义的劳动观；认识劳动对于人的生命的价值和意义。

劳动榜样

全国劳动模范艾爱国：一辈子当个好工人[①]

艾爱国，焊接专家，全国十大杰出工人。

他是爱岗敬业的榜样，30年如一日，以"当工人就要当好工人"为座右铭，在普通的岗位上勤奋学习、忘我工作。从1969年招工进入湘潭钢铁厂建安公司当焊工那天起，他白天认真学艺，晚上刻苦学习专业书籍，长期勤学苦练，系统阅读了《焊接工艺学》《现代焊接新技术》等100多本科技书籍，掌握了较扎实的专业理论知识，练就了一手过硬的绝活。1982年在湘潭市锅炉合格焊接考核中，他以优异的成绩取得气焊、电焊双合格证书，成为全市第一个获得焊接双合格证书者。此后，他更是带头进行生产技术攻关，克服一个又一个难关，创造了一个又一个奇迹。1983年，冶金部为延长高炉风口的使用寿命，组织全国各大钢铁厂研制一种新型风口，他参与了这次研制攻关。针对攻关的最大难题铸件和锻件的焊接，他大胆提出采取氢弧焊接法，并担任主焊手。经过几个月的反复焊接，新型风口于1984年3月研制成功，被安装到高炉上，使用寿命比原风口延长半年，每年节能增效100万元。此攻关项目获得国家科技进步二等奖，他是9名获奖人员中唯一的工人。他认真总结这次焊接成功的经验，写成论文《鸽极手工氢弧紫铜风口的焊接工艺》，以后又在深入钻研基础上写出《紫铜氢弧焊接操作法》，比较全面地介绍了各种情况下紫铜焊接的方法。1985年他又攻克了氢弧铝筷合金的难关，撰写了论文《鸽极手工氢弧焊铝及铝合金单面焊双面成型工艺》，还带领17名焊工成功焊接了从德国引进的一台制氧机所有管道的多道焊缝，受到德国专家的极力称赞。据不完全统计，艾爱国为本公司和外单位攻克各种焊接难题207个，改进焊接工艺34项，成功率达到100%，创造直接经济效益2500多万元，因而获得"焊神""焊王""焊界一杰"等美称。

[①] 中共湖南省委党史研究室、湖南省中共党史人物研究会编著：《二十世纪湖南人物》，长沙：湖南人民出版社，2001年版，第126~127页，有删改。

他不把自己掌握的技术和知识当成个人挣钱的资本,而是无私地传授给自己的徒工,无保留地推广运用到外单位的生产实践中。1994年至1998年,先后为湘钢和兄弟单位培养了气焊、电弧焊、氢弧焊优秀焊工180多人,为全国7个省市区的24家企业无偿解决技术难题40多项。

他的高超技术、无私奉献精神,受到党和人民的称赞。在1984年到1997年的13年中,他先后获得国家科技进步二等奖、全国职工自学成才奖、全国五一劳动奖章,他还是湖南省特等劳动模范、湖南省技术能手、湖南省十佳杰出职工和全国劳动模范、全国技术能手。1998年,被评为全国十大杰出工人,当选为九届全国人大代表、中共"十五大"代表,多次受到党和国家领导人的接见。

一、劳动的形态及其本质

> 劳动最光荣、劳动最崇高、劳动最伟大、劳动最美丽。
>
> ——习近平

劳动是人类社会最普遍的实践活动。对于这样一种普通的实践活动,要去追问"劳动是什么",人们往往不甚了解。然而,近代以来,随着劳动理论的发展,特别是对劳动本质问题的思考,劳动的面纱被揭开,劳动的面目开始向人们显现。本节要讨论的问题是:劳动作为普遍的社会现象,其形态有哪些?其本质是什么?这是我们首先要弄明白的。

(一)劳动是普遍的社会现象

劳动是最普遍的社会现象。大到关系国计民生的生产劳动,小到关系我们自身的日常家务劳动,劳动时刻发生在我们身边,发生在我们每一个人身上。早上起床,开始一天的生活,我们就进入劳动状态,清理家务,或者清理宿舍,保持居住整洁。为了保持一天的工作或学习活力,我们自己烹制食品,如此,我们则是在用自己的劳动来满足需要;或者去食堂购买食物,这个时候我们是在享用他人的劳动服务。而对于那些提供早餐的人们来说，他们则是在辛勤劳动以满足别人的需要。

制作衣服是劳动，清洗餐具、清扫街道也是劳动，驾驶一辆大巴车是劳动，控制一台精密机床同样是劳动。劳动的形态多样。不同历史时期，由于生产关系以及生产力发展水平的不同，特别是生产目的、方式、对象、手段和结果等的不同，劳动的形态有着很大的差异。在传统社会中，衣物是由工匠手工制作，而在现代社会，衣物则主要交由自动的机器去完成。

劳动之所以成为人类社会最普遍的活动，主要在于人的生存需要。人的生存需要是多方面的，既有物质层面的，也有精神层面和心理层面的。如衣、食、住、行等，都是在满足人们物质层面的需要。而获得衣、食、住、行，则需要人的劳动投入，需要人们体力和智力的付出，通过身体的活动而作用于自然物，由此改变自然物的形态或性质，从而使得它们具有能够满足人的需要的属性。人还有精神需要的满足。人的精神需要的满足同样要求人的劳动投入，即需要人的体力和智力的投入。只是在不同的需要满足中，人的体力和智力的投入有着程度不同的差异。例如，满足精神需要的物品的生产，既要求更多智力的投入，也要求体力的投入，如雕刻艺术；而满足物质性需要的物品的生产，则需要人们更多体力的投入，如粮食的种植、谷物的收获等。

（二）劳动的形态

劳动作为普遍的人类实践活动，其形态繁多，形式各异。尽管如此，我们也可以从不同的维度进行类型化的分析。例如，在现代社会，工业劳动、农业劳动等，都属于生产劳动；而各种服务业，如餐饮、交通运输、网络通信、医疗卫生、教育等，都可归入非生产劳动。我们还可以根据劳动投入体力和智力的程度，将劳动分为体力劳动和脑力劳动。体力劳动是人的体力的消耗，是劳动最基本、最一般、最直接的形式，也是最初的形式。人类最原始的劳动不论是采集植物果实，还是渔猎动物，主要是体力的耗费。即使是在近代和现代经济生活中的劳动，仍然离不开体力的消耗。工业文明出现的机器大生产，只是延长了人的手臂，同时也紧张了人的神经,并没有消除人的体力劳动。脑力劳动是人的脑力的耗费,自始至终与人的劳动相伴同行。劳动是有目的、有计划、有意识的活动,人的劳动总离不开脑力的耗费,即使是在原始渔猎经济和采集经济中的劳动也不例外。如果说劳动创造了人包括人手、语言和大脑,同样劳动也离不开人手、语言和大脑,即劳动包括体力劳动和脑力劳动。①

在本书中,我们把劳动分为日常生活劳动、服务性劳动和生产性劳动。

日常生活劳动主要是对个人生活事务的处理,如:个人物品的整理、清洗,简单的家庭清扫和垃圾分类、家庭日常清洁、烹饪、家居美化、自我生活管理等,参加日常生活劳动有利于生活能力的提升和良好卫生习惯的培养,有助于树立自立自强意识。

服务性劳动指生产以外,为人的物质文化生活和物质生产服务的社会性服务劳动以及为自己生活服务的日常生活劳动。社会性服务劳动涉及商业、旅游、饮食、娱乐、邮电、通信、交通等多领域。随着我国国民经济的迅速发展以及生产的现代化,社会分工越来越细,对社会性服务劳动的需求越来越大,从业人数也越来越多。② 对于在校学生来说,不同的学段,可以选择参加相应的服务性劳动。如小学生可以参加校园卫生保洁、垃圾分类处理、绿化美化等,初中生可以参加校园、包干区域的保洁和美化以及助残、敬老、扶弱等,高中生可以参加大型赛事、社区建设、环境保护等公益活动,职业院校的学生则可以参加各种志愿服务以及校内外公益服务性劳动,运用专业技能为社会、为他人提供相关的公益服务等;对于高等学校的学生来说,主要是自觉参与教室、食堂、校园场所的卫生保洁、绿化美化和管理服务等,结合"三支一扶"、大学生志愿服务西部计划、"青年红色筑梦之旅"、"三下乡"等社会实践活动开展服务性劳动,强化公共服务意识和面对重大疫情、灾害等危机主动作为的奉献精神。

在不同的历史阶段、不同的经济关系中,对生产劳动有着不同的理解。在自

---

① 谭跃湘:《现代微观劳动价值论》,长春:吉林文史出版社,2018年版,第64页。
② 郑兆基主编:《学校班主任实用手册》,哈尔滨:哈尔滨工业大学出版社,1993年版,第500页。

然经济中,劳动是为了满足劳动者自己的需要。生产劳动就是能生产满足自己需要的产品或服务的劳动。在简单商品经济或一般商品经济中,劳动是为了生产能交换的产品或服务,这时的生产劳动,则是指生产能够满足他人需要的商品并能创造价值的劳动。在马克思的劳动理论中,生产劳动是指那些能给资本家生产剩余价值的劳动。① 尽管生产劳动有着不同的含义,但对于在校学生来说,就是"让学生在工农业生产过程中直接经历物质财富的创造过程,体验从简单劳动、原始劳动向复杂劳动、创造性劳动的发展过程,学会使用工具,掌握相关技术,感受劳动创造价值,增强产品质量意识,体会平凡劳动中的伟大"。② 同样,不同的学段,学生参加生产劳动的内容也有所不同。例如,对于职业院校的学生来说,参加生产劳动,主要是依托实习实训,参与真实的生产劳动和服务性劳动,增强职业认同感和劳动自豪感,提升创意物化能力,培育不断探索、精益求精、追求卓越的工匠精神和爱岗敬业的劳动态度,坚信"三百六十行,行行出状元",体认劳动不分贵贱。普通高等学校学生通过生产劳动锻炼,参加实习实训、专业服务和创新创业活动,重视新知识、新技术、新工艺、新方法的运用,提高在生产实践中发现问题和创造性解决问题的能力,在动手实践的过程中创造有价值的物化劳动成果。

(三)劳动的本质

劳动的本质问题,是在对有关问题,如财富和权利问题的思考中引发出来的。近代以来,思想家们开始思考财富的本质以及财富的来源等问题。政治经济学家、哲学家对财富来源问题的思考所得出的结论是,财富来源于劳动。恩格斯在此基础上更进一步指出:"劳动和自然界在一起才是一切财富的源泉,自然界为劳动提供材料,劳动把材料转变为财富。"③马克思对劳动的本质问题作出了系统的思考和论述。马克思在《资本论》中把劳动理解为对劳动力的使用,"劳动力的使

---

① 谭跃湘:《现代微观劳动价值论》,长春:吉林文史出版社,2018年版,第71页。
② 教育部:《大中小学劳动教育指导纲要(试行)》,http://www.gov.cn/zhengce/zhengceku/2020-07/15/content_5526949.htm。
③ 中共中央马克思恩格斯列宁斯大林著作编译局编译:《马克思恩格斯文集》(第九卷),北京:人民出版社,2009年版,第550页。

用就是劳动本身"。关于劳动力,马克思解释:"我们把劳动力或劳动能力,理解为一个人的身体即活的人体中存在的、每当他生产某种使用价值时就运用的体力和智力的总和。"①马克思指出,"一切劳动,一方面是人类劳动力在生理学意义上的耗费,就相同的或抽象的人类劳动这个属性来说,它形成商品价值。一切劳动,另一方面是人类劳动力在特殊的有一定目的的形式上的耗费,就具体的有用的劳动这个属性来说,它生产使用价值"。恩格斯曾经说过:英语有一个优点,它有两个不同的词来表达劳动的这两个不同的方面。创造使用价值的并且在质上得到规定的劳动叫做 work,与 labour 相对;创造价值的并且只在量上被计算的劳动叫做 labour,与 work 相对。② 工作也是一种劳动,和生产劳动一样,都是活劳动力的结果和生命过程的功能。根据马克思关于劳动本质的论述,我们可以看到劳动的三重规定性。

首先,劳动是个体运用其智力和体力的活动。任何劳动,无论是生产劳动还是非生产劳动,是传统劳动还是现代劳动,都是体力和智力的付出。甚至在人们的日常生活劳动中,在诸如自我服务的家务劳动中,也都既有智力的因素,也有体力的因素,而以身体为中介作用于劳动对象即身体的活动则是智力和体力运用的具体表征。例如,在传统的农业生产劳动中,一年四季的种植需考量水土与温度、植物与物候,它们并不是孤立的存在,而是在考虑它们相互关系的基础上作出统筹与安排。尽管自然的因素往往难以控制,但却是要加以考虑的,这种统筹的考量依赖经验,也依赖个体的判断。后者便属于智力的范畴。在现代社会中,特别是在一些新型的劳动形态中,例如快递员的劳动,同样需要体力和智力的双重投入。即便是程序员的劳动,更多的是智力的投入,却也需要体力的艰辛付出。随着科学技术的发展,特别是智能技术的发展,投入在物品生产中的体力会伴随技术的介入而呈现弱化之趋势。这种弱化降低了劳动的强度,也对人的劳动的智能

---

① 中共中央马克思恩格斯列宁斯大林著作编译局编译:《马克思恩格斯文集》(第五卷),北京:人民出版社,2009年版,第195页。
② 中共中央马克思恩格斯列宁斯大林著作编译局编译:《马克思恩格斯文集》(第五卷),北京:人民出版社,2009年版,第60、61页。

化提出更高的要求。例如,在传统的农业生产劳动中,人们主要依赖体力劳动,这使得传统的农业生产劳动对于每个从业者来说都是一件非常辛苦的事情;而在现代农业生产劳动中,收割机的使用、无人机用于喷洒农药,以及各种机械在农业生产劳动中的使用,使得现代农业生产劳动在很大程度上已经不同于传统的农业生产劳动。

在劳动过程中,劳动者需要投入体力,而这种体力的投入则意味着安逸的停止,意味着身体的辛劳。正是从安逸的停止或辛劳和汗水的付出这层意义看,与那些非生产劳动者相对安逸的生活相比,劳动才有可能成为人们厌恶的事情。尽管对于一个普通的生产劳动者来说,收获时的快乐以及劳动过程中所体验的快乐能够弥补辛劳的付出;但安逸的牺牲也是非常明显的。由于技术运用得有限,在传统的生产劳动中,人们需要付出更多的体力。

其次,劳动是人以身体为中介作用于自然的活动。人与自然发生对象性关系,是以身体为中介来实现的。所谓对象性关系,是指人把自然作为自己的活动对象,并通过劳动而使自己体现在对象中,实现主体的对象化。人与自然对象的关系离不开劳动,而劳动离不开身体的活动。马克思指出:"劳动首先是人和自然之间的过程,是人以自身的活动来中介、调整和控制人和自然之间的物质变换的过程。人自身作为一种自然力与自然物质相对立。为了在对自身生活有用的形式上占有自然物质,人就使他身上的自然力——臂和腿、头和手运动起来。"[①]身体作为人与自然的中介,在于"臂和腿、头和手"的运动,这种运动使得人作用于自然对象,并使自然对象发生预期的改变,使物的形态发生预期的改变。"预期"意味着让自然物质对自己有用,从而隐含着心智的活动贯穿于身体的中介之中。这就是说,劳动通过身体的活动,而实现自然物质的变换。无论是在简单劳动还是在复杂劳动中,我们都可以看到身体的中介活动。在现代劳动中,身体的中介越来越辅之以技术手段,从而降低了臂和腿、头和手运动的激烈程度。

---

① 中共中央马克思恩格斯列宁斯大林著作编译局编译:《马克思恩格斯文集》(第五卷),北京:人民出版社,2009年版,第207~208页。

再次，在现代劳动中，劳动工具的技术中介作用越来越显著。人作用于自然，或人与自然的关系，由于人的自然力的有限而不得不借助于特定的中介器物即劳动资料来实现。马克思把劳动过程划分为有目的的活动或劳动本身、劳动对象和劳动资料，而"劳动资料是劳动者置于自己和劳动对象之间、用来把自己的活动传导到劳动对象上去的物或物的综合体"。劳动者直接掌握的东西，是劳动资料而不是劳动对象，身体的器官就是最直接使用的劳动资料，除此之外，石制工具和石制武器、铜器和铁器、各种现代技术等，都是劳动资料。劳动者利用这些物的机械的、物理的和化学的属性，把这些物当作发挥力量的手段，依照自己的目的作用于其他的物。劳动资料所表征的是人是如何劳动的。不同的工具预示着不同的生产力水平，也预示着不同的社会关系。所以马克思又说："劳动资料不仅是人类劳动力发展的测量器，而且是劳动借以进行的社会关系的指示器。"[①]

二、劳动的历史命运

> 体力劳动是防止一切社会病毒的伟大的消毒剂。
> ——[德]马克思

近代社会以来，对财产私有和权利论证的理论要求，使得哲学、政治经济学、政治哲学等将目光投向劳动，投向这个在前现代社会备受贬低的人类活动。阿伦特在《人的境况》一书中对劳动及其社会地位的演变作了很有意思的论述。根据活动与人的境况的关系，阿伦特将人类所有的活动划分为劳动（labor）、工作（work）和行动（action）。三种活动分别对应人的生物过程、人的世界过程以及人的类生存过程。劳动与人的身体密切相关，涉及身体的自发的生长、新陈代谢和最终的衰亡，劳动是人的生命本身的境况。工作指向人的"人造"世界事物，是制

---

① 中共中央马克思恩格斯列宁斯大林著作编译局编译：《马克思恩格斯文集》（第五卷），北京：人民出版社，2009年版，第210页。

作和对材料本质上的加工。在现代人看来,劳动是与身体密切相关的活动,而工作则是双手的事务。这个世界上的人造物都是由我们的双手制作出来并被人们所使用的。这些制作出来的东西总要在世界上持续存在一段时间,成为人的使用对象。行动则是人的活动中唯一不以物或事为中介,直接在人们之间进行的活动,不是单个人的活动,而是类的活动。① 劳动确保了个体生存和生命的延续;工作及其产物则赋予人在短暂的生命旅途中持存的尺度;行动则致力于政治体的维护,使得人的类存在得以永恒。在这三种人类活动中,劳动曾经在相当长时间里,因其与生命的延续有关而处于被贬低的地位;相反,人们总是赋予行动以最高的等级地位。劳动之所以被贬低,就在于劳动是以身体的辛劳来获得生活必需品。这使得一个人因为身体的劳动而变得不自由,不能够参加公共生活。因此,在相当长的历史时期,在西方的一般认识中,劳动者就是以身体工作的人,因而劳动是被蔑视的。例如,在亚里士多德的论述中,我们可以看到,那些能够用身体去劳作的人是被统治者,而且是天生的奴隶,并且在他的《政治学》中经常可以看到类似于"低贱的工匠"的表述。在我国的传统观念中,也存在蔑视劳动的社会意识。劳动低人一等,劳动者被归入贱民的行列。《论语》中的这则对话,大概能形象地说明那个时代的人们对于劳动的看法:"樊迟请学稼。子曰:'吾不如老农。'请学为圃。曰:'吾不如老圃。'樊迟出。子曰:'小人哉,樊须也!上好礼,则民莫敢不敬;上好义,则民莫敢不服;上好信,则民莫敢不用情。夫如是,则四方之民襁负其子而至矣,焉用稼?'"②

近代以来,人们关于劳动地位的认识有了一个巨大的变化。当劳动被视为财富的源泉的时候,当劳动成为西方哲学论证权利之正当性的理论前提时,当劳动不仅是财富和权利的源泉,而且是生命的源泉的时候,即劳动不仅创造了财富,确证了权利,而且创造了生命本身的时候,劳动被蔑视的社会意识开始得到颠覆。过去相当长时间对劳动的贬低,就一变而为对劳动的礼赞。这种关于劳动地位的

---

① [美]阿伦特著,王寅丽译:《人的境况》,上海:上海人民出版社,2009年版,第1页。
② 程树德撰,程俊英、蒋见元点校:《论语集释》,北京:中华书局,1990年版,第896~898页。

翻转是通过马克思的劳动理论而实现的。马克思指出,"任何一个民族,如果停止劳动,不用说一年,就是几个星期,也要灭亡,这是每一个小孩都知道的。"①当恩格斯发出"劳动创造了人本身"这样一声呼喊的时候,劳动终于开始摆脱过去岁月人们对它的贬低和蔑视。

中华人民共和国成立以来,劳动一直为社会所推崇,这种推崇与中华民族近代的苦难历史密切相关。近代以来,中华民族陷入内忧外患的灾难之中,战争不断,社会动乱,民不聊生。中国共产党唤醒并动员受灾受难的同胞,奋起斗争,建立了人民当家作主的中华人民共和国,实现了民族独立、人民解放。为了实现中华民族伟大复兴,中国共产党团结带领中国人民,自力更生、发愤图强,创造了社会主义革命和建设的伟大成就,实现了一穷二白、人口众多的东方大国大步迈进社会主义社会的伟大飞跃,为实现中华民族伟大复兴奠定了根本政治前提和制度基础。所有这一切成就的取得,都是在中国共产党的坚强而全面领导下全国人民辛勤劳动、诚实劳动、创新劳动的结果,是中国共产党人对劳动本质认识的结果。"劳动是人类的本质活动,劳动光荣、创造伟大是对人类文明进步规律的重要诠释。'民生在勤,勤则不匮。'中华民族是勤于劳动、善于创造的民族。正是因为劳动创造,我们拥有了历史的辉煌;也正是因为劳动创造,我们拥有了今天的成就"。②

进入新时代,习近平总书记多次重申劳动对于实现中华民族伟大复兴的意义和价值,劳动是一切成功的必经之路。习近平总书记指出,"伟大的事业需要伟大的精神,伟大的精神来自于伟大的人民。我们一定要在全社会大力弘扬劳模精神、劳动精神,大力宣传劳动模范和其他典型的先进事迹,引导广大人民群众树立辛勤劳动、诚实劳动、创造性劳动的理念,让劳动光荣、创造伟大成为铿锵的时代强音,让劳动最光荣、劳动最崇高、劳动最伟大、劳动最美丽蔚然成风。要教育孩子们从小热爱劳动、热爱创造,通过劳动和创造播种希望、收获果实,也通过劳动

---

① 中共中央马克思恩格斯列宁斯大林著作编译局编译:《马克思恩格斯文集》(第十卷),北京:人民出版社,2009年版,第289页。

② 习近平:《在庆祝"五一"国际劳动节暨表彰全国劳动模范和先进工作者大会上的讲话》,《人民日报》,2015年4月29日。

和创造磨炼意志、提高自己。"①当前,全国各族人民正满怀信心为实现第二个百年奋斗目标而努力。实现我们确立的奋斗目标,归根结底要靠辛勤劳动、诚实劳动、科学劳动。我们要在全社会大力弘扬劳动光荣、知识崇高、人才宝贵、创造伟大的时代新风,促使全体社会成员弘扬劳动精神,推动全社会热爱劳动、投身劳动、爱岗敬业,为改革开放和社会主义现代化建设贡献智慧和力量。全面建成社会主义现代化强国,"根本上靠劳动、靠劳动者创造"②是新时代对劳动最崇高的赞美。

三、劳动的个体生命价值

> 我觉得人生求乐的方法,最好莫过于尊重劳动。一切环境,都可由劳动得来,一切苦境,都可由劳动解脱。
>
> ——李大钊

马克思主义哲学认为,正是劳动创造了人。恩格斯在《自然辩证法》中,对于劳动在从猿到人的转变中的作用作了系统而科学的论述。恩格斯指出:"劳动是整个人类生活的第一个基本条件,而且达到这样的程度,以致我们在某种意义上不得不说:劳动创造了人本身。"③劳动不仅创造了人,而且塑造着我们每个人的个体自我,并成就着每个人的自我。

(一)劳动创造了人

马克思主义关于劳动与人的关系的论述,特别是关于"劳动创造了人本身"的发现,不仅为人的劳动性提供了理论指导和实践指引,而且需要我们去准确把握

---

① 习近平:《在乌鲁木齐接见劳动模范和先进工作者、先进人物代表向全国广大劳动者致以"五一"节问候》,《人民日报》,2014年5月1日。

② 习近平:《在庆祝"五一"国际劳动节暨表彰全国劳动模范和先进工作者大会上的讲话》,《人民日报》,2015年4月29日。

③ 中共中央马克思恩格斯列宁斯大林著作编译局编译:《马克思恩格斯文集》(第九卷),北京:人民出版社,2009年版,第550页。

它的理论内涵。关于"劳动创造了人本身"的理论内涵,我们可以从以下三个方面来理解和把握。

第一,劳动解放了双手。马克思指出:"全部人类历史的第一个前提无疑是有生命的个人的存在。因此,第一个需要确认的事实就是这些个人的肉体组织以及由此产生的个人对其他自然的关系。"①马克思在《德意志意识形态》中所确认的事实可归结为两点,即人的生存及为生存而开展的活动。人的生存表现为人的生物性存在,如人的肉体组织即有机体的延续或生命的维持。你首先要活着,然后才能谈及其他,谈及理想和希望、信念和爱。人的生存维系,使得人不得不将自身转向自然,由此产生人与自然的关系,这就是为了维系有机体的生命而不得不面向自然的谋生存活动,即劳动表现为通过身体而向自然获取生存必需品。

现在可以确定的是,大概在好几十万年以前,生活着一个类人猿的种属。在几十万年的进化中,我们的祖先逐渐学会用手来做一些动作,从简单的动作到越来越复杂的动作,从直接使用自然物到开始利用自然物来制作工具,如石刀的制作,其结果是,手变得自由了。人类学的考察,特别是进化论的确立,使得我们能够大体了解手与脚在活动功能上的演变过程。在这个演变过程中,劳动起到了至关重要的作用。恩格斯指出,"手不仅是劳动的器官,它还是劳动的产物。只是由于劳动,由于总是要去适应新的动作,由于这样所引起的肌肉、韧带以及经过更长的时间引起的骨骼的特殊发育遗传下来,而且由于这些遗传下来的灵巧性不断以新的方式应用于新的越来越复杂的动作,人的手才达到这样高度的完善,以致像施魔法一样产生了拉斐尔的绘画、托瓦森的雕刻和帕格尼尼的音乐"。②

第二,劳动创造了语言。手的自由和解放,促使身体其他部分的变化。手并非单独的存在,而是和身体的其他部分形成一个有机体。手是这个高度复杂有机体的一个部分。在这个作为整体的有机体中,身体各个部分的发展并不是以孤立

---

① 中共中央马克思恩格斯列宁斯大林著作编译局编译:《马克思恩格斯文集》(第一卷),北京:人民出版社,2009年版,第519页。
② 中共中央马克思恩格斯列宁斯大林著作编译局编译:《马克思恩格斯文集》(第九卷),北京:人民出版社,2009年版,第552页。

的方式而发生的。相反,它们以一种相互作用的方式而相互影响。这就是说,手的发展并不只是手本身的发展,它同时也促进了身体其他部分的发展。凡是有益于手的,也有益于其他部分,会影响其他部分的发展。手的发展对于身体的其他部分也产生一种反作用。这种反作用机制表现为,手的解放,使得人开始支配自然,人对自然的支配进一步拓宽了人的眼界,也进一步促进了劳动的发展。而劳动的发展使得人与人之间相互支持和共同协作的场合增多,而且人也认识到这种共同协作能够带来更多的好处。这个时候,人与人之间的相互交流就变得至关重要。共同协作的一个重要条件就是人与人之间的相互交流。没有相互交流,也就难以相互支持和共同协作。正是在这个意义上,恩格斯指出,"语言是从劳动中并和劳动一起产生出来的"。① 可以说,没有劳动,就难以发展出语言发生的生理条件;没有劳动,也就没有语言发生的社会条件。概言之,伴随劳动而开始的人对自然的支配,促使人与人更加紧密地结合起来,形成一种协作的需要,进而促成语言的发展。

第三,劳动发展了大脑。"首先是劳动,然后是语言和劳动一起,成了两个最主要的推动力,在它们的影响下,猿脑就逐渐地过渡到人脑"。② 脑的发展,首先表现为感觉器官的发育,如视觉、听觉、触觉、味觉、嗅觉等。在劳动过程中,人的各种感觉器官得以发展。尽管人的视觉不如鹰,但人的识别能力却要远强于鹰,人的嗅觉不如狗,但人对气味的感知能力要远胜过狗。这就是说,人在劳动中不仅发展出自己的感觉器官,而且发展了意识、抽象能力和推理能力。人的抽象能力和推理能力的发展,反过来又作用于劳动和言语,为劳动和语言的发展提供了动力。由于后者所表现的强烈特征,以至有人错误地认为,是人的理性能力造就了人,如在柏拉图那里,或者以为是人的共同协作造就了人,如在亚里士多德那里。而实际情况恰恰相反,人的理性能力和抽象能力是在劳动过程中发展的,并且在后来的岁月中,人们又通过教育来实现人的抽象能力和理性能力的再生产。人的

---

① 中共中央马克思恩格斯列宁斯大林著作编译局编译:《马克思恩格斯文集》(第九卷),北京:人民出版社,2009年版,第553页。

② 中共中央马克思恩格斯列宁斯大林著作编译局编译:《马克思恩格斯文集》(第九卷),北京:人民出版社,2009年版,第554页。

抽象能力和理性能力是进化的结果,而这个进化的必要条件则是劳动。可以说,人的生存依赖劳动,需要劳动来满足;人在劳动中发展、解放了双手,发展出语言,发展了自己的大脑,人自身的发展也是在劳动中并通过劳动来实现的。

由此,恩格斯作出如下论断:"一句话,动物仅仅利用外部自然界,简单地通过自身的存在在自然界中引起变化;而人则通过他所作出的改变来使自然界为自己的目的服务,来支配自然界。这便是人同其他动物的最终的本质的差别,而造成这一差别的又是劳动。"[1]

(二)劳动塑造个体自我

劳动维持着人的生存和生命的延续,使得人能够通过自己的劳动而从自然界中获得其生存所必需的物品。劳动在改变着我们居住的世界,改变着我们的现实生活的同时,也为我们创造着更加美好的未来生活。不仅如此,劳动还塑造我们每个人的自我。正是在劳动过程中,人才能够发展自己。劳动不仅改变着劳动对象,也改变着劳动者自身。"当他通过这种运动作用于他身外的自然并改变自然时,也就同时改变他自身的自然。他使自身的自然中蕴藏着的潜力发挥出来,并且使这种力的活动受他自己控制"。[2]

塑造可以定义为"一种给定的结构转化为另一种更高级的结构"。[3] 劳动是一种塑造活动,意味着劳动可以实现给定结构的转化,并且劳动还是一种具有双重塑造特征的实践活动,即一方面以身体为中介作用于自然,使自然物发生形态或性质上的改变,这种改变了形态或性质的自然物将能够满足人的生物性需要或社会性需要;另一方面以身体为中介作用于自然,也会改变一个人自身。根据马克思主义劳动理论,劳动具有主体和客体双重塑造意义。在主体的意义上,劳动塑造着劳动者自身或马克思所说的"自身的自然",属于劳动的主体化范畴;在客体

---

[1] 中共中央马克思恩格斯列宁斯大林著作编译局编译:《马克思恩格斯文集》(第九卷),北京:人民出版社,2009年版,第557页。
[2] 中共中央马克思恩格斯列宁斯大林著作编译局编译:《马克思恩格斯文集》(第五卷),北京:人民出版社,2009年版,第208页。
[3] [美]阿伦特著,王寅丽译:《人的境况》,上海:上海人民出版社,2009年版,第103页。

的意义上,劳动塑造着劳动对象或"身外的自然",属于劳动的对象化范畴。通过劳动实现对劳动者个体自身的塑造,进而完成个体的自我实现和自我解放,所展示的正是劳动的育人价值。劳动的双重塑造意义所体现的正是马克思历史唯物主义基本原理"环境的改变和人的活动或自我改变的一致"。[①]

这里需要指出的是,强制性的劳动往往并不具有对人的身心的塑造意义。例如,异化劳动是对劳动者的否定,是劳动者受到外在力量控制的活动。这就是说,对于劳动者个体来说,它是一种否定性的力量。在这里,对象化本身已经丧失了它对于劳动者的自我塑造作用。其结果只能是劳动者对劳动的厌恶。尽管被厌恶的劳动仍然需要个体体力和智力的运用,但这种运用则是在摧残劳动者的身心。劳动者在劳动工具的帮助下,一定程度上可能会将自己的意识外在化,从而实现对外在世界的改变,但它却难以实现对自我世界的改变。由于异化劳动总是带有不同程度的强制性,由此我们可以得出一个推论,即强制性的劳动同样不具有自我塑造价值。关于强制性劳动对于自我塑造的否定性意义,马卡连柯有过深入的思考。马卡连柯指出,劳动的"强制的形式可能是各种各样的,从简单地重复布置任务到生硬地、苛求地重复布置任务。无论在哪种情况下任何时候都不得从体力上进行强制,因为这是最无益的并会引起孩子对劳动任务的厌恶"。[②]

(三)劳动实现个体自我

劳动之所以是自我实现的条件,在于劳动将个体的存在状态和存在方式紧密地结合在一起,从而通过一个人的存在方式来表现其存在状态。马克思指出:"更确切地说,它是这些个人的一定的活动方式……个人怎样表现自己的生命,他们自己就是怎样。因此,他们是什么样的,这同他们的生产是一致的——既和他们生产什么一致,又和他们怎样生产一致。"[③]无论是在劳动观念史中还是在社会发

---

① 中共中央马克思恩格斯列宁斯大林著作编译局编译:《马克思恩格斯文集》(第一卷),北京:人民出版社,2009年版,第500页。
② [苏联]A.C.马卡连柯著,诸惠芳译:《儿童教育讲座》,石家庄:河北人民出版社,1997年版,第67页。
③ 中共中央马克思恩格斯列宁斯大林著作编译局编译:《马克思恩格斯文集》(第一卷),北京:人民出版社,2009年版,第520页。

展史中人们如何贬低劳动,劳动都是个体的生命表现,这是不争的事实。正是在劳动中,个体的体力和智力得以运用,自己的意图和目的通过劳动活动本身得以逐渐地外在或对象化,劳动由此而真正成为一个人的存在方式。在这种存在方式中,个人的生命意识得以建立,个人的身心得到发展。

任何一种劳动都有其外在的尺度和要求,表现为劳动的目的和为实现劳动目的而选择的手段。一个人从事家务劳动,或者为他人提供保洁的服务性劳动,或者参加农业或工业生产劳动,总是有其目的的。在实现目的的过程中,则会面临各种劳动资料的问题,这些劳动资料乃是实现劳动目的或开展劳动活动的首要条件,也是劳动顺利展开需要克服的障碍。这些障碍的克服意味着一种自由的到来。因此,马克思指出,"劳动尺度本身在这里是由外面提供的,是由必须达到的目的和为达到这个目的而必须由劳动来克服的那些障碍所提供的。但是克服这种障碍本身,就是自由的实现……"①自由的实现意味着个体自我的实现。自我实现是个体的各种才能和潜能在适宜的社会环境中得以充分发挥,实现个人理想和抱负的过程。我们如何才能够使自己的各种才能得到充分发挥、潜能得到挖掘呢?如果劳动是一种普遍的社会现象,那么我们可以说,正是劳动赋予自我以各种可能和条件。从现实的意义出发,自我实现就是一个人在特定的社会环境中提出的各种适宜的正当的内在目的之实现。所谓适宜和正当,意在表明个体的内在目的与社会总体目标的相互关系。这就是说,一种内在目的并不全然是个人性的,因而具有单纯的独特性;它同时也是社会性的,符合社会的发展要求。这种内在目的的实现,就是主体的对象化,即自己的理想、意图体现为外在的事或物。因此,马克思指出:"外在目的失掉了单纯外在自然必然性的外观,被看做个人自己提出的目的,因而被看做自我实现,主体的对象化,也就是实在的自由——而这种自由见之于活动恰恰就是劳动。"②

---

① 中共中央马克思恩格斯列宁斯大林著作编译局编译:《马克思恩格斯文集》(第八卷),北京:人民出版社,2009年版,第174页。
② 中共中央马克思恩格斯列宁斯大林著作编译局编译:《马克思恩格斯文集》(第八卷),北京:人民出版社,2009年版,第174页。

> 劳动实践

走近劳动模范

(一)任务概述

活动主题: 邀请一位劳动模范作一场报告,并和劳模交谈,认识劳模,亲身感受劳动模范身上所体现的爱岗敬业、争创一流、艰苦奋斗、勇于创新、淡泊名利、甘于奉献的劳模精神。

活动内容: 通过劳模报告、访谈劳模、撰写学习心得等,学习劳模身上所展现的先进品格、时代特征和引领取向,感召学生树立职业理想、激发劳动精神、践行劳模工匠精神、坚守职业道德。

(二)任务实施步骤

第一,准备阶段。

(1)进行活动前的动员,开展有关劳模报告活动意义的教育。

(2)提前与劳模取得联系,确定举行劳模报告的时间和地点。

(3)学生结合所学专业,在网上搜集与所学专业有关或相近行业内劳动模范的事迹报告、故事。

(4)提前了解作报告的劳模的相关工作及其意义。

(5)拟定对劳模访谈的提纲。

第二,实施阶段。

(1)开展劳模报告前,再次确认报告的时间、场所、相关联络事宜等。

(2)提出听报告过程中的纪律要求、学习要求等。

(3)报告结束后确定专人对劳模进行访谈,访谈提纲须得到辅导员老师的认可。

(4)报告结束时合影留念,并安排同学写新闻报道等。

(5)分组讨论劳模报告并进行总结。

(6)全班交流劳模报告的心得体会。

第三,总结阶段。结合劳模报告,联系专业学习写一篇心得体会。

(三)任务实施过程提示

(1)尽可能邀请本地区的劳动模范。

(2)尽可能线下报告,当条件受到限制的时候,也可采取线上报告或者观看劳模报告视频的方式。

(3)在听报告的过程中,注意遵守报告会的纪律要求,展现当代大学生应有的素质和形象。

(4)在听报告的过程中,要做好笔记。

(5)在对劳模进行访谈时,要注意着装和礼仪。

(6)听报告的心得体会,要写自己的感悟和认识,严禁抄袭。

(四)任务评价

(1)本次任务是否提前布置?   ①是____ ②否____

(2)本次活动策划是否规范、完整?   ①是____ ②否____

(3)劳动过程是否有活动记录?   ①有____ ②没有____

(4)学习心得是否为学生原创?   ①是____ ②否____

(5)本次活动有没有取得预期效果?   ①有____ ②没有____

(6)对活动作出评价,评分标准如下:

"走近劳动模范"活动评价

评价标准	分值	分数小计	教师评价
活动对象的选择符合标准	20分		
参加活动全过程	20分		
活动期间积极认真	20分		
个人心得体会体现真情实感	20分		
班级交流	20分		

(五)任务小结

做好三个小结。

(1)个人任务小结。

(2)小组任务小结。

(3)班级活动组织任务小结。

【学习反馈】

(1)学习本章内容后,我的心得体会:

(2)学习本章内容后,我还想了解的相关知识点:

(3)学习本章内容后,我对劳动与人的新认识:

第二章 劳动与社会

学习目标

了解马克思主义关于劳动的基本原理，认识劳动对人、社会关系、道德、社会发展的作用，理解人的本质是一切社会关系的总和，掌握劳动推动社会发展、创造社会历史的科学论断，培育学生的劳动意识与奉献精神，树立"劳动光荣"的理念，增强学生在劳动中实现梦想、在劳动中创造辉煌的意识，自觉为实现中华民族伟大复兴而努力奋斗。

劳动榜样

龙兵：平凡英雄的不凡人生[①]

龙兵曾在部队服役5年，2007年退役后，主要从事个体货运。他先后获得2020年十大最美货车司机、全国交通运输系统抗击新冠肺炎疫情先进个人、2020年感动交通十大年度人物、2022年全国最美职工、2022年全国五一劳动奖章等荣誉。荣誉加身，本色不改。现在，龙兵还是习惯别人称他"龙师傅"，坚守着"送好每一车货，开好每一趟车"的初心。

逆行武汉的"孤勇者"

2020年2月武汉疫情暴发后，龙兵在微信群偶然得知，有20吨新鲜蔬菜需要从常德尽快送往武汉。他毫不犹豫报了名。瞒着家人，开着载满救援物资的车驶在通往武汉方向的高速公路上。路上，只有龙兵一人一车。前往武汉，龙兵虽然也担心自己被感染，但他知道这批物资对于抗疫意味着什么。路边横幅上"隔离十四天"的字样让龙兵心里有点发怵，但他依然坚持继续前进。为了防止感染，除了检测站，他中途没有下过一次车。经过5个多小时的"急行军"，龙兵终于顺利将车开到武汉。

卸完满满一车的物资踏上返程路，按照防疫要求，回常德后龙兵需要隔离14天。他想，若去一次换一次驾驶员，大家都有风险，回来都得隔离，不如自己好事做到底。基于这样朴素的想法，龙兵再次选择了"孤勇"前行。而他这一坚持就是32天。

32天，他先后11次独自驾车前往湖北，为疫区群众送去蔬菜、大米、食用油等生活物资和医疗用品共计300多吨，行程1.2万公里。除了武汉，他还去过宜昌、孝感等疫区，哪里需要，就去哪里。

[①] 改编自《新湘评论》《工人日报》《常德日报》的相关报道。

32天,他以车为家,不是方便面,就是盒饭,洗漱全靠水箱里的一点水。由于驾驶室密闭,每次醒来被子都仿佛浸了一层水。独自在路上,每次电话那头传来女儿叫爸爸的声音,都让他泪湿眼眶。

驰援武汉,让龙兵的名字为大家所知晓。从武汉回来后,龙兵第一时间向党组织汇报了思想,表达了想加入党组织的强烈愿望。2021年6月,龙兵光荣地成为一名共产党员。

乐于助人的"公益人"

2019年,龙兵加入当地的公益组织。组织每次有活动,龙兵总是第一个报名。送关爱、送物资,还常年帮扶3个困难家庭。实际上,他自己的家庭条件并不好。母亲患有风湿病,父亲也没有劳动能力,一家五口的重担全部压在龙兵一个人身上。可龙兵开朗乐观,从不向别人诉说自己家庭的困难。

2021年7月,河南多地突发暴雨灾害。龙兵当即决定驰援河南,短短两天便募集25万元物资。7月26日,龙兵驾车,一行9人赶赴河南省新乡市,送去19吨生活和防疫物资。卸完物资后,了解到当地救援工作量大,人手和车辆都很紧张,龙兵毅然决定留下来,参与灾区救援志愿服务工作。河南之行,所有费用都由几名主要组织者分摊,龙兵花去8000多元。

龙兵,从来不是从天而降的英雄,只是那个愿意挺身而出的凡人。他用平凡的坚守书写了不平凡的人生,用力所能及的行动传递了看得见的温暖。

一、劳动构建社会关系

> 劳动是整个人类生活的首要基本条件。劳动在创造人类的同时,还在创造着人类社会历史。
>
> ——[德]恩格斯

人类通过辛勤劳动不断提高改造世界的能力,大大提升生产力水平,并在此基础上构建起丰富多样的社会关系。人的社会关系的形成离不开人的劳动活动,人的社会关系是在以人们的物质资料生产劳动为基础的劳动活动中产生的。人的物质生产活动是人的一切社会关系的前提。人在物质生产活动中形成的生产关系是人的最本质的社会关系。人只有在一定生产关系的基础上，才能维持和保证其他一切社会关系的存在与发展。

社会关系直接形成于人们的物质生产劳动活动中。如果没有人的物质生产劳动活动，那么人的社会关系就无从产生与发展。社会关系是在人的社会性劳动过程中产生的属人的社会性联系，是人的存在方式和活动方式。总之，社会关系是人们在物质资料生产劳动过程中结成的一种不以人的意志为转移而存在的关系，正是在这种生产中，人们"再生产这种相互关系，又新生产这种相互关系"。

（一）人的本质是一切社会关系的总和

马克思指出，物质生产活动把人和动物区别开来，而一切社会关系的总和则是在把人和动物区别的基础上，进一步解决了人与动物之间的本质差别。马克思强调"人的本质并不是单个人所固有的抽象物。在其现实性上，它是一切社会关系的总和"。[①] "一切社会关系的总和"指的是人与人之间的多种关系，但本质关系是生产关系，也就是说人们在生产劳动过程中产生的生产劳动关系是我们研究人的本质的重要内容。马克思指出，劳动创造了人本身，劳动的过程和成果体现了人的本性。人的劳动是一种社会性劳动，社会性劳动实现于人的社会性关系之中。人是与其所具有的和可能创造的社会性关系直接同一的，没有脱离社会关系的单独的人，也没有脱离人的单独的社会关系。人的本质是一切社会关系的总和，这就意味着人处于结构化、网络化、模式化的社会关系系统之中，因此，要深入认识人、了解人，就要全面看待社会关系。

（二）社会关系起源于人类生产劳动

马克思在《关于费尔巴哈的提纲》中指出"全部社会生活在本质上是实践的"，

---

① 《马列著作选读（哲学）》，北京：人民出版社，1988年版，第5页。

马克思强调,作为人类基本活动的物质生产才是解放的现实基础。"社会生活在本质上是实践的。凡是把理论导致神秘主义的神秘东西,都能在人的实践中以及对这个实践的理解中得到合理的解决"。[①] 马克思还指出:"生产关系总合起来就构成所谓社会关系,构成所谓社会,并且是构成一个处于一定历史发展阶段上的社会,具有独特的特征的社会。"[②] 在人的生产劳动中形成社会关系是马克思主义唯物史观的一个重要观点。在马克思主义唯物史观看来,在社会关系体系中最根本的是生产关系,而生产关系的性质是由生产力的状况决定的。生产关系不仅是社会关系的基础,而且是整个社会的基础。生产关系是与人的本质活动同一的。在人的活动中产生了生产关系和其他社会性关系,而生产关系则成为人的社会关系系统中的联系纽带,制约着其他社会性联系的发展和性质。

人与人之间的各种社会关系始终都根源于生产关系,生产关系是人的最本质的社会关系,人只有在一定生产关系的基础上,才能维持和保证其他一切社会关系的存在与发展。同时,生产关系的性质决定着整个社会关系体系以及其他社会关系的性质。

(三)劳动是全部社会关系形成的基础

人类社会源于人们的辛勤劳动,劳动创造了人和人类社会。劳动不仅创造、体现着人和自然之间的关系,而且不断创造和体现着人和人之间的社会关系。人在自己劳动所创造的社会关系中存在与发展。社会关系的产生不是外在于人本身而是内在于人的劳动之中,是人的劳动的结果。劳动是人与社会关系生成的共同基础,劳动就是人为了不断满足自己需要的人的活动过程,同时也是人不断处理自己与外部世界关系的过程。这种关系既是人与自然之间的关系,也是人与人之间的社会关系,既是主体与客体之间的关系,也是主体与主体之间的关系。但

---

① 中共中央马克思恩格斯列宁斯大林著作编译局编:《马克思恩格斯选集》(第一卷),北京:人民出版社,1995年版,第60页。
② 中共中央马克思恩格斯列宁斯大林著作编译局编译:《马克思恩格斯文集》(第一卷),北京:人民出版社,2009年版,第724页。

是,这种关系在劳动中实现了主体与客体之间的统一,完成了一切都是为了人作为社会性存在物的统一。因此,人与社会关系的统一性表现在社会实践的基础性地位上。社会实践是人的本质性活动,社会关系是人的本质性存在,人本身就是在这种活动和存在的双重规定性下表现和发挥人的本质力量的。

马克思认为,人既是实践存在物,又是关系存在物,实践与社会关系之间是相互融合的,实质上两者是相互依存、二位一体的人的存在形式。劳动和社会关系是密不可分的统一体。一方面,社会关系不能脱离人的劳动。劳动从实质上说是一种能动构建和变革社会关系的活动,社会关系的生成、建构、变革就是劳动的基本内容。以社会关系为基础结构形态的复杂的现实社会是由这种伟大的劳动积累创造的。另一方面,人的各种劳动不能脱离现实存在的社会关系。各种社会关系实际上内在于人类劳动中,也是人的劳动活动得以进行的基础条件,劳动就是在这样的社会关系中能动自主地展开的,人类形成社会关系的根本目的在于克服个体的人的劳动的有限和制约,去整合、提升劳动的社会性力量,从而保证劳动的有序开展。因此,人的劳动是社会关系的发源地,是人的生存方式和活动方式,是社会关系形成的基础。

(四)劳动分工形成多种社会关系

社会关系是指在分工协作基础上和社会交往活动中形成的活动主体之间的本质关系,是人的活动的产物和必要形式。这一哲学界定明确了社会关系与人的活动之间的关系,揭示了社会关系是人的活动的本质联系,同时也揭示了分工协作以及分工协作基础上形成的社会交往活动是社会关系形成的基础性因素。人的劳动既是一种改造自然的活动,也是一种群体性的活动,它需要在人与人之间相互分工和合作的生产关系中才能够进行。社会关系作为人类特有的本质联系,是人们在改造自然界活动的基础上形成的人与人之间的分工协作关系和相互交往关系。它既是人的劳动的产物,又是人的劳动的必要形式。

因此,我们可以从人的活动的分工协作和人的社会交往两个视角去理解社会关系的产生和发展。

(五)劳动关系是社会经济关系地位的本质体现

劳动关系是社会生产关系的重要组成部分。在生产资料所有制关系已确定的条件下,劳动关系是社会生产关系中最生动、最重要的内容。劳动关系是社会经济地位的本质体现。劳动关系是最基本的社会关系,是生产力发展水平和社会进步的主要表现形式。和谐的劳动关系能够促进社会和经济的稳定发展,不和谐的劳动关系则会导致一定范围内矛盾的激化,引发社会矛盾。

在社会经济关系中,劳动关系具有直接性、具体性和本质性的特点。其直接性是指劳动关系直接体现生产要素的地位和作用、结构以及劳动者和生产资料的关系。其具体性是指社会经济关系是通过劳动关系来具体实现的,在劳动过程中处于不同地位的个人或集体也是通过劳动关系来具体体现其社会经济地位的。而社会经济关系的特点和本质最终要通过劳动关系来体现和实现。因此,劳动关系是社会经济关系地位的本质体现。

习近平总书记指出,"劳动关系是最基本的社会关系之一"。在劳动关系上努力的方向,总体上是"要最大限度增加和谐因素、最大限度减少不和谐因素,构建和发展和谐劳动关系,促进社会和谐"。而这要如何才能做到?只有站稳立场,站在广大劳动群众的立场上,创造一个通过辛勤劳动、诚实劳动、创造性劳动就能够致富、能有相对应收获的局面,才能破除妨碍劳动力、人才社会性流动的体制机制弊端,使人人都有通过辛勤劳动实现自身发展的机会,要依法保障职工的基本权益,健全劳动关系的协调机制。

劳动关系的解决不仅是劳动关系主体的问题,还是全社会的问题。全社会都要贯彻尊重劳动、尊重知识、尊重人才、尊重创造的重大方针,都应认识到劳动没有高低贵贱之分,任何一份职业都很光荣。无论时代条件如何变化,我们始终都要崇尚劳动、尊重劳动者,维护和发展劳动者的权益。这样才能够从根本上构建和谐的劳动关系。

二、劳动孕育社会道德

> 人们自觉地或不自觉地,归根到底总是从他们阶级地位所依据的实际关系中——从他们进行生产和交换的经济关系中,吸取自己的道德观念。
>
> ——[德]恩格斯

人们在劳动和社会生活中会逐步形成一系列必须遵循的行为准则和社会规范,这些行为准则和社会规范逐渐明确与固定化,最后形成调整人们行为规范的社会道德。可以说,在人类的所有活动中,人类的生产活动,即劳动是最伟大的、最有价值的活动,劳动不但创造了人本身,也创造了社会关系,创造了社会道德。因此,劳动是人类道德起源的第一个历史前提和基础。

(一)生产劳动是社会道德形成的基础

马克思认为,是物质生产劳动创造了人和人类社会,而人和人类社会的形成是社会道德现象产生的前提,因此物质生产劳动也是道德产生的根本原因。马克思认为人类的劳动创造了道德主体,也实现了主体对道德的需求。正是因为有了劳动的出现,从而产生了人类社会的道德。马克思从物质生产劳动出发,在主体与客体、主观与客观、事实与价值的对立统一中把握社会现象,揭示人类社会生活的本质,提出了劳动哲学的道德起源论,不仅科学揭示了道德起源的社会原因,而且阐明了人类确立道德的真正依据和初衷,超越了以往哲学家对道德起源的认识。

1. 劳动创造了社会道德的主体

马克思的劳动本体论认为劳动创造了道德主体,道德是主体在劳动关系中创造的精神与意识,实现了主体对道德的需要,劳动是人类道德起源的重要历史前提和基础。马克思提出,劳动是"人类的第一历史活动",人通过劳动生产物质生活本身,通过劳动来改造自然世界、改造人类社会、改造主观世界。劳动不仅创造了人类历史,也创造了人本身。劳动创造了人,人是道德的载体和主体,因而,劳动是一切社会道德的根源。在漫长的历史进程中,劳动在类人猿向人的进化中确实起了重要作用,劳动使类人猿最后脱离动物界而变成人类。劳动实践活动使人的双手得以解放,人的大脑也逐渐进化、发展、成熟。人之为"人"的最关键环节就是劳动,即人通过劳动生产出满足自己需要的物质生活资料,生产出社会关系,因此,我们说,劳动创造了人,人与动物之间区别的根本标志就是劳动。与动物本能适应自然界不同,人能够通过实践有意识地作用于自然界,改造自然界,使自然界为自己服务。

2. 劳动创造了人类对道德的需要

人类社会存在下来并获得发展,依赖一整套社会规范体系,其中制度与道德是人类结成社会,并确保社会有序、有效的两种必不可少的调节方式和行为规范。道德规范与法律、宗教规范是没有区别的,作为维系社会组织的存续和调节社会关系的规范力量。

伴随劳动的开展,特别是随着劳动分工的深入,会形成不同的社会职业。不同职业的生存和发展需要遵循一定的秩序和规则,而职业道德是社会分工发展到一定阶段的产物,主要指从事一定职业劳动的人们,在特定的工作和劳动中以其内心信念和特殊社会手段来维系的、以善恶进行评价的心理意识、行为原则和行为规范的总和,它是人们在从事职业的过程中形成的一种内在的、非强制性的约束。

3. 劳动分工是社会道德产生与发展的动力

亚当·斯密认为,专业化及社会劳动分工是人类所有进步的源泉。随着社会生产力水平的提高,在不同领域开始出现劳动分工。劳动分工极大地促进了社会生产力的提升,是社会发展与文明进步的重要标志,同时我们也应该看到劳动分工所造成的利益冲突和矛盾,因此,必须充分发挥道德规范的调节作用。只有重建一种与现代社会分工结构相适应的多层次、全方位的道德体系,才能真正消除反常分工带来的种种利益矛盾。为了维护个人利益与社会发展,急需建立一套秩序和规则体系,这种在劳动中自发形成的劳动规则和交往规范推动了道德的发展,正如恩格斯所说,"尽管这种意识和要求在最初还很不完善,还没有成为道德的主要动力和基本内容,但它一旦形成,就孕育着强大的生命力,成为道德发生中的积极的肯定的动因,推动着道德的形成与发展"。①

(二)劳动关系是道德的核心内容

劳动关系作为生产关系的重要组成部分,是在劳动过程中劳动者与劳动力使用者之间形成的一种社会关系。劳动关系是现今社会上最基本、最主要的社会关系之一,劳动关系不仅事关企业和员工的自身利益,也影响国家经济的良性发展和社会的和谐稳定。社会关系的发展是道德起源的直接基础。而道德的本质就是实现自我人格完善和进行社会关系调节的规范方式,任何一种社会关系的维系都需要道德手段的调节。

1. 社会关系的形成是道德发生的前提

人是一切社会关系的总和,因此离开了社会关系,便不会有人,也不可能产生道德。人类在劳动过程中,由于外在的客观环境和人本身能力的限制,结合成彼此交往的集体,形成一定的社会关系,与此同时,为了满足劳动和与他人交往的需要,产生了语言和意识。社会关系的形成和语言、意识的产生为道德的发生准备了条件。"人们自觉地或不自觉地,归根到底总是从他们阶级地位所依据的实际关系中——从他们进行生产和交换的经济关系中,获得自己的伦理观念"。② 道德从萌芽到完全形成,是在日趋复杂的社会关系中完成的。在原始社会初期,劳动过程中的分工还不明确,劳动者之间没有形成固定的劳动关系,劳动者之间的关

---

① 罗国杰主编:《伦理学》,北京:人民出版社,1989年版,第31页。
② 中共中央马克思恩格斯列宁斯大林著作编译局编译:《马克思恩格斯文集》(第九卷),北京:人民出版社,2009年版,第99页。

系具有偶然性和临时性。劳动分工的出现是因为劳动者认识到自己劳动地位的特殊性，以及自己所擅长的劳动方式和劳动工具，这为人们结成广泛且固定的生产关系和交往关系提供了客观条件。人们开始认识哪种关系能为自己带来利益，哪种关系可以规避生存威胁和外界伤害，这些约定俗成的生产关系和交往关系支配着个人之间、个人与群体之间的劳动交往，并逐渐延续为风俗习惯，使原始群体能够长期存在与不断发展。这些约定俗成的交往规则和风俗习惯，逐渐深入人心，内化为个体的自主意识，即社会发展要求的"他律"转化为个体的"自律"。

2. 社会关系中的利益分歧和矛盾需要道德规范的调节

分工的日益扩大，交往的日趋紧密，使得个体的地位更加突出，人类意识在复杂的劳动和社会交往中得以不断提升。一方面，个人不仅意识到自己的需求和利益，而且意识到凌驾于个人利益之上的整体利益，原始氏族内部有了较为明确的处理个人与集体关系的要求，也就是说个人在面对集体利益时应该坚持某种原则，产生了维护整体利益的义务感和荣辱观念，目的是维护氏族群体的和谐稳定；另一方面，劳动者财富占有的差别和利益分配的不均衡要求构建关于道德的标准。个人之间或个人与集体之间存在的利益分歧和矛盾上升为当时社会的主导关系，为了适应社会关系的需要，对于协调个人之间或个人与集体之间的行为提出明确的准则或要求，这便成为社会发展和氏族部落得以延续发展的必要前提。这些准则或要求逐渐为当时的社会成员所接受，成为约束氏族成员生产劳动和社会交往的准则，人们原来遵循的"风俗的统治"逐渐被取代，在此过程中产生了人类社会所特有的道德现象。"无论哪种社会哪种阶级形式所对应的道德体系的基本原则和规范，都是从一定的社会或阶级利益中产生的，更确切地说，是从一定社会或阶级所要求的个人利益和整体利益的关系中引申出来的"[①]。也就是说，马克思所认为的道德生成并发展于现实的利益关系中。

---

① 罗国杰、马博宣、余进编著：《伦理学教程》，北京：中国人民大学出版社，1985年版，第51页。

三、劳动推动社会发展

> 我知道什么是劳动:劳动是世界上一切欢乐和一切美好事情的源泉。
>
> ——[苏联]高尔基

中国奇迹,靠劳动抒写。在中国从站起来、富起来到强起来的征程中,凝结着劳动者的智慧,浸透了耕耘者的汗水。经济学家科斯曾感叹:中国人的勤奋令世界惊叹和汗颜。正是这样的勤奋,创造了天翻地覆的巨变,创造了举世罕见的成就。"道虽迩,不行不至;事虽小,不为不成",中国的美好未来不会从天而降。脱贫攻坚、深化改革的实践,绿色中国、制造强国的愿景,都得靠劳动的双手来托举。

(一)生产劳动是人类社会存在和发展的基础

生产活动对人类社会的产生、存在和发展起着决定性作用,生产劳动为人类社会的生存和发展提供了物质基础,创造了物质条件,是人类社会存在和发展的基础,有力地推动了个人和人类社会的发展。没有生产活动,就没有人类社会。

在从猿到人的转变过程中,生产活动即劳动起着决定性作用。劳动使猿变成了人,使猿群变成了人类社会。类人猿原本生活在茂密的原始森林中,后来由于气候急剧变化,森林大量减少,类人猿被迫到地面上活动和觅食。长期的地面生活使类人猿的前肢和后肢逐渐出现分工,下肢起着支撑身体和直立行走的作用,上肢则主要起到掌握工具、获取食物的作用。经过长期发展,早期人类逐渐从使用天然工具到学会自己制造和使用劳动工具,形成真正的劳动即生产活动,猿的手也变成了人的手。在劳动过程中,因需要相互交流思想和经验,喉头得到了极大的发展,于是产生了语言。在劳动和语言的推动下,猿脑逐渐转变为人脑,人类特有的意识也就产生了。同时,在生产劳动中,人与人之间结成各种社会关系,猿群因而转变成人类社会。

中国共产党充分发挥生产劳动的促进作用,推动了中国革命和社会主义建设的发展。1938年10月,抗日战争进入相持阶段,敌后战场的斗争形势日益严峻,陕甘宁边区出现了粮食及生活必需品供应紧张。为克服严重的物质生活困难,中国共产党发出"自己动手、丰衣足食"的号召,大生产运动蓬勃展开。边区军民开荒种地、畜牧养殖、兴修水利……在田地、山头、工厂,到处都是劳动人民"手举锄头、脚踩纺织机"的热闹景象。通过大生产运动,勤于劳动、善于劳动的边区军民用自己的双手使边区摆脱了困难局面,为抗日战争和新民主主义革命的胜利奠定了坚实的物质基础。

新中国成立后,饱受战争创伤的中华大地百废待兴、百业待举。一时间,劳动的号角再次吹响,"拼命也要拿下大油田""生命不息,革新不止""宁愿一人脏,换来万家净"……人们的劳动热情汇聚成无穷的力量,为新中国带来了生机与活力,许多中国过去没有的新工业,如汽车厂、飞机制造厂、大型发电设备生产厂接连开工,中华大地每天都在发生新变化。

改革开放,实干笃行。随着科学技术对生产力推动作用的日益突显,知识分子作为工人阶级的一部分,其创新创造活力得到充分释放。广大劳动者开拓奋进、锐意创新,全身心地投入社会主义现代化建设。"尊重劳动、尊重知识、尊重人才、尊重创造"成为新的时代强音。

一勤天下无难事。千千万万奋斗在各行各业的劳动者辛勤耕耘、拼搏奉献,在实现中华民族伟大复兴中国梦的征程上创造了一个又一个令世界瞩目的"中国奇迹"。

习近平总书记指出:"人类是劳动创造的,社会是劳动创造的。劳动没有高低贵贱之分,任何一份职业都很光荣。""人世间的美好梦想,只有通过诚实劳动才能实现;发展中的各种难题,只有通过诚实劳动才能破解;生命里的一切辉煌,只有通过诚实劳动才能铸就。""必须牢固树立劳动最光荣、劳动最崇高、劳动最伟大、劳动最美丽的观念,让全体人民进一步焕发劳动热情、释放创造潜能,通过劳动创造更加美好的生活。"

(二)劳动使个人得到全面发展,继而促进社会发展与进步

马克思认为,劳动解放既是人类解放的基础,也为人的自由全面发展提供了现实路径。人的全面发展是马克思主义的基本原理之一,也是我国教育方针的理论基石。而要实现人的全面发展,就离不开劳动,在劳动中接受教育,磨炼意志、锻造品格,养成崇尚劳动、热爱劳动、辛勤劳动、精益求精、一丝不苟、追求卓越的工匠精神。劳动创造了人自身。人类又在自己的发展过程中,不断提高劳动本领,运用新的劳动工具,扩大劳动的对象,创造出越来越多的物质财富和精神财富,以满足人类不断增长的需要,进而促进社会发展与进步。可以说,劳动使个人得到全面发展,个人的全面发展进而又促进人类社会的发展与进步。

双手劳动创造智慧。苏霍姆林斯基有这样一句名言:"儿童的智慧出在他的手指头上。"几十年的教育实践使他确信:劳动的双手是"智慧的创造者",双手的劳动在智力发展上起着特别重要的作用。双手劳动为什么能直接促进智力的发展呢?苏霍姆林斯基认为:一是双手劳动可以通过劳动训练抽象思维能力。二是双手劳动可以促进手脑结合。在"借助于手工工具或机械工具对某物进行加工时","信号在每一瞬间多次从手传到脑,又从脑传到手,脑教导手,手又发展和教导脑"。三是双手劳动可以促进脑发展。他说:在人的大脑里,有一些特殊的、最微妙的、最富创造性的区域,当我们将抽象的思维跟双手精细而灵巧的动作结合起来,就能激发这些区域积极、活跃起来。

劳动促进智力发展。苏霍姆林斯基说,如果一个学生学习兴趣淡薄,智力发展落后,那就必须让他在劳动过程中产生自尊感和自信心,并将这种自尊感和自信心转移到学习上,从而促进智力的发展。尤其对学困生而言,在劳动中展示才能,并迁移到学习领域还会让他找到克服困难的力量。苏霍姆林斯基举例说,一个叫尼科拉的学生,小时候学习十分艰难、吃力,而一次"嫁接"的劳动却使他振作起来,取得了成功,毕业以后成了出色的农学家。在苏霍姆林斯基看来,手脑结合的劳动、富于创造性的劳动、显示个人才能的劳动,千真万确是推动智力发展的重要手段。

劳动锻炼健康体魄。苏霍姆林斯基认为，体力劳动在培养完美的体魄上所起作用，同运动一样重要，同运动相比许多劳动有自己的优越之处，主要表现为体力与技巧、技能多种多样的结合。他还认为，诸如栽树、嫁接、埋葡萄藤这类劳动对于呼吸和血液循环系统的发育、对于新陈代谢的增强，都有着十分重要的意义。在营养良好的情况下，这类劳动能促进机体所有功能的发展，增强神经系统的发育，给神经细胞特别是脑细胞增添营养，提升睡眠质量、纾缓疲劳。他甚至还利用嫁接、编织等劳动来医治那些好激动、神经质的孩子。因为这类劳动需要更多的不是体力，而是精神集中和细心操作。总之，他确信：劳动不仅能使人心地正直，而且能使人身强体壮。

劳动促进美育发展。在苏霍姆林斯基看来，这种劳动教育的促进作用主要表现在如下四个方面：其一，劳动体现心灵美。热爱劳动本身是一种心灵美，是人的基本美德，相反，好逸恶劳、游手好闲是美的大敌。其二，劳动促进关系美。劳动促进人们相互关系上的美，而这种相互关系上的美激励着集体中每个人的心灵美。其三，劳动蕴含着动作美。劳动动作本身是一种美的表现，劳动中优美协调的动作可以同体操媲美。其四，劳动成果创造美。劳动产品就其外形和使用价值来说都是美的高度体现。苏霍姆林斯基发现，孩童最易懂得劳动的审美目的，他们有强烈的美的追求，人们做的一切都应当是美的。因此，他在安排学生劳动时，从不忽略美育因素，他使学生的自我服务内容中包括环境美化，让孩子们的劳动动作成为一种审美创造活动，促进各种劳动产品合乎审美要求和具有审美价值。

（三）劳动是推动人类社会发展的根本力量

正是因为劳动创造，我们拥有了历史的辉煌；也正是因为劳动创造，我们拥有了今天的成就。奋进新时代、开启新征程，必须紧紧依靠人民、始终为了人民，必须依靠辛勤劳动、诚实劳动、创造性劳动，为夺取全面建设社会主义现代化国家新胜利汇聚强大的正能量。

从原始社会发展到现代科技社会，时代变迁、斗转星移，但劳动的"本性"未变。正是劳动，让人类从原始的结绳记事、钻木取火走向现代文明，让人类从"手工纺织时代"进入"蒸汽时代",迈向信息时代。劳动创造了社会物质,创造了社会财富,也创造了社会文化,创造了幸福。中华五千年的璀璨史,就是五千年的劳动史,中华民族的辉煌历史,当代中国震惊世界的发展奇迹,无一不凝结着从古至今亿万劳动群众的心血和汗水,凝聚着劳动精神,是劳动智慧的结晶。

社会进步靠劳动驱动。工厂车间里毫米、微米级的精细打磨,基层岗位数十年如一日的坚守,实验室里更高更快更精的刻苦攻坚,无不是劳模精神的现实写照。石油精神、红旗渠精神、奥运精神、载人航天精神……劳动者为中国人点亮了灵魂的灯塔。习近平总书记指出,要建设知识型、技能型、创新型劳动者大军。在科技发展一日千里的当下,知识与创新将成为"臂非加长而见者远""声非加疾而闻者彰"的重要力量。精神为劳动注入灵魂,知识提高了劳动的品质,劳动者队伍的素质越来越高,社会发展的脚步也愈发从容坚定。

幸福不会从天而降,梦想不会自动成真,实现我们的奋斗目标,开创我们的美好未来,必须紧紧依靠人民、始终为了人民,中国特色社会主义事业的大厦是靠一砖一瓦砌成的,人民的幸福是靠一点一滴创造得来的。劳动人民是世界上最伟大的人民,他们用劳动创造了世界,创造了我们今天的幸福生活。

劳动不断助推社会发展。如果把人类社会比作一辆高速行驶的汽车,那么人类劳动便是车的发动机,唯有辛勤劳动才能确保社会不断前进。当今社会,科技发展日新月异,技术创新层出不穷,但是所有的一切都是以人的劳动为前提的。可见,劳动可以助推社会发展,是助推社会发展的"引擎"。

劳动是人类文明进步发展的源泉。在我们社会主义国家,尤其要让热爱劳动、勤奋劳动、尊重劳动、保护劳动蔚然成风。要尊重和保护一切有益于人民和社会的劳动,尊重和保护一切为我国社会主义现代化建设作出贡献的劳动,努力形成劳动光荣、知识崇高、人才宝贵、创造伟大的时代新风,不断增强全社会的创造活力。在奔向全面建设小康社会宏伟目标的征程中,认真学习习近平总书记的讲话,深刻体会努力创造尊重劳动的社会氛围的内涵,具有十分重要的现实意义。

> 劳动实践

阅读《画说平凡劳动者的感人故事》

（一）任务概述

活动主题：感受平凡劳动者的崇高精神,思考自己要如何向他们学习,度过无悔的青春。

活动内容：《画说平凡劳动者的感人故事》一书为我们讲述了"工人"许振超、"冬暖式蔬菜大棚之父"王乐义等勇立潮头,引领时尚,全心全意为人民服务,在平凡的工作岗位上作出不平凡业绩的事迹。通过"坚持打卡读好书"的方式,给同学搭建一个相互交流、分享读书心得体会的平台,并在阅读中思考青年人要如何度过自己无悔的青春。

（二）任务实施步骤

第一,准备阶段。

(1)进行活动前的动员,开展有关阅读活动意义的教育。

(2)通过图书馆借阅、网上购买或者相关网站阅览等方式,提前做好阅读准备工作。

(3)学生结合自己的学习和日常作息时间,安排好阅读的时间,制定好阅读计划,保证阅读活动的开展不能影响自己正常的学习和休息。

第二,实施阶段。

(1)21天阅读打卡,在21天内每天坚持阅读,直至读完这本书。

(2)组织读书心得交流会。学生应在深读精读上下功夫,并在此基础上撰写心得体会。结合自己的学习和生活经历,交流自己的所思、所想、所感。

(3)教师点评。针对同学们的读书分享,教师逐个加以点评。

第三,总结阶段。结合自身阅读,联系专业学习写一篇心得体会。

(三)任务实施过程提示

(1)阅读时间安排合理,不得与上课时间冲突,确保完成进度。

(2)通过打卡方式,确保人人参与。

(3)心得体会不得抄袭,要表达自己的真实感受。

(四)任务评价

(1)本次任务是否提前布置? ①是____ ②否____

(2)本次活动策划是否规范、完整? ①是____ ②否____

(3)阅读过程是否有读书记录? ①有____ ②没有____

(4)学习心得是否为学生原创? ①是____ ②否____

(5)本次活动有没有取得预期效果? ①有____ ②没有____

(6)对活动作出评价,评分标准如下:

"阅读《画说平凡劳动者的感人故事》"活动评价

评价标准	分值	分数小计	教师评价
前期阅读准备工作充分	20分		
参加活动全过程	20分		
活动期间积极认真	20分		
心得体会体现真情实感	20分		
班级交流	20分		

(五)任务小结

通过阅读活动,引导学生感受青春的底色是奋斗,应树立矢志不渝的理想信念,厚植爱国为民的家国情怀,发扬肯吃苦、不怕苦的奋斗精神。

【学习反馈】

(1)学习本章内容后,我的心得体会:

(2)学习本章内容后,我还想了解的相关知识点:

(3)学习本章内容后,我对劳动与社会的新认识:

第三章
劳动与人生

学习目标

了解劳动是幸福的源泉，掌握劳动创造美好生活的基础作用和现实路径，认识美好生活的实现需要付出艰辛的劳动，帮助学生确立"美好生活要靠劳动创造"的价值取向，引导学生树立以辛勤劳动为荣、以好逸恶劳为耻的劳动价值观。

> **劳动榜样**

平凡快递,创造美好生活[①]

"快递小哥"宋学文不仅10年间行走超过30万公里,配送了超过30万件"有速度有温度"的快递包裹,还保持了零误差、零投诉、零安全事故的纪录。他在平凡岗位上十年如一日,把送快递干成一门"学问",赢得了客户的肯定和社会的尊重。

作为新职业的代表,宋学文先后获得全国劳动模范、全国五一劳动奖章和首都劳动奖章等荣誉。在中华人民共和国成立70周年阅兵典礼上,他有幸作为代表参与方阵表演走过天安门。2021年建党百年之际,宋学文被嘉奖为全国优秀共产党员。

宋学文来自内蒙古赤峰市,大专毕业后当过工人、干过个体、做过物业主管,本着"多劳多得,过上好日子"的初衷,2011年他做京东物流快递员。"每天都当作新入职的第一天",是他对自我严格要求的职场信条。2018年,他成为一名光荣的共产党员。除了自豪,他有了更多的责任与担当。节假日,他总是主动申请上岗,让其他快递员调休,抗疫期间,更是坚守在工作第一线。2022年他们公司成为北京冬奥会组委会物流服务商之后,他积极申请去支援冬奥项目。他靠着勤劳和用心的付出,在北京扎下了根。他说希望有更多像他一样的普通人,通过奋斗收获幸福生活。

一、劳动是幸福的基础和源泉

> 我们的人民热爱生活,期盼有更好的教育、更稳定的工作、更满意的收入、更可靠的社会保障、更高水平的医疗卫生服务、更舒适的居住条件、更优美的环境,期盼孩子们能成长得更好、工作得更好、生活得更好。人民对美好生活的向往,就是我们的奋斗目标。人世间的一切幸福都需要靠辛勤的劳动来创造。
> ——习近平

[①] 孙冰:《宋学文:我的荣誉是对400万"快递小哥"的肯定》,《中国经济周刊》,2021年7月1日,有删改。

幸福，是指一个人在其需求得到满足后自然产生的喜悦情绪。这种满足不仅表现在物质层面，而且表现在精神层面。马克思认为，获得这份满足的重要途径便是通过自身努力在劳动过程中去获取。劳动是人类有目的的活动，它是人类认识世界、改造世界以及维护自身生存发展最直接、最独特的手段。人类通过自身劳动，在创造巨大社会财富的同时，也在劳动过程中实现了自身的价值，使其本质得到确证与发展。

党的十九大报告指出，中国特色社会主义进入了新时代。新时代赋予新使命，新使命需要新作为，新作为要靠新奋斗。对新时代的劳动者而言，劳动不再仅仅是满足生存和生活的需要，而是经历幸福人生、完成自我超越、实现个人和社会价值的需要。

中国特色社会主义进入新时代，新时代必将面临更多的挑战。进行伟大斗争，建设伟大工程，推进伟大事业，实现伟大梦想，都必须依靠劳动来实现。

（一）劳动创造幸福

劳动是中华民族的传统美德。习近平总书记指出："波澜壮阔的中华民族发展史是中国人民书写的，博大精深的中华文明是中国人民创造的，历久弥新的中华民族精神是中国人民培育的。"中国人民用自己的勤劳勇敢在五千年的历史长河中，铸就了灿烂的中华文明。劳动创造了科学、艺术、文化等宝贵的精神财富，是华夏文明进步的重要源泉。人们通过劳动创造了丰富的物质财富和精神财富，开创了美好的未来。

劳动是创造美好生活的动力。党的十九大报告中明确指出："中国特色社会主义进入新时代，我国社会主要矛盾已经转化为人民日益增长的美好生活需要和不平衡不充分的发展之间的矛盾。"劳动既为民富国强提供了雄厚的物质基础，换来了社会的和谐稳定，创造了生活的舒适美好，也激发了广大劳动人民强烈的自信心和自豪感，激励人们脚踏实地、心怀未来，向着更加美好的生活奋勇前进。

劳动是幸福生活的源泉。正是因为劳动，让我们拥有了辉煌灿烂的历史，拥有了今天巨大的成就。习近平勉励青年人"用勤劳的双手和诚实的劳动创造美好生活",这是奋斗、实干、奉献精神的回归,是对广大青年人热爱劳动、热爱生活、热爱生命的呼唤。

(二)劳动实践是幸福的实现路径

劳动是一种社会存在方式,在社会发展的各个阶段、各个时期都起着无法替代的基础性作用,劳动实践满足了个体自身生理生存层面的幸福、满足了个体自我实现层面的幸福,也满足了利他主义层面的幸福。

首先,幸福的主体是现实的人,客体是现实生活世界,而劳动实践则是连接主体、客体之间的桥梁。马克思认为,劳动实践是一种"有意识的生命活动",主体通过劳动实践使自身的本质转移到客体上,使得客体可以满足主体的需要,让主体感受到幸福的心理体验。

其次,劳动创造幸福,是一个恒久不变的道理。正如习近平总书记所说,"劳动是财富的源泉,也是幸福的源泉。人世间的美好梦想,只有通过诚实劳动才能实现;发展中的各种难题,只有通过诚实劳动才能破解;生命里的一切辉煌,只有通过诚实劳动才能铸就。"一分耕耘,一分收获,劳动实践可以给人们带来获得感,这种获得感是人们产生幸福感的前提条件。

最后,劳动信仰与劳动智慧都是对劳动幸福理念的具体践行。劳动信仰体现的是一种不屈不挠的劳动精神,有利于人们在劳动实践中磨砺自己的意志,培养坚韧不拔的劳动品格,营造良好的劳动氛围,形成属于自身的劳动尊严,坚守"劳动创造幸福"理念,从而使得人们共享劳动的成果,塑造一个幸福的社会劳动关系。

由此可知,只有在共产主义社会,摆脱了异化的劳动才能够复归真正意义上的幸福,从而促进人与自然、人与社会以及人与人自身的发展。

(三)劳动促进幸福目标的实现

习近平指出,幸福不是毛毛雨,幸福不是免费午餐,幸福不会从天而降。人世间的一切成就、一切幸福都源于劳动和创造。自由而全面的发展是作为"现实的人"的本质的完整体现,也是获取幸福的重要保障。它主要包含两方面的内容,一是自由发展,二是全面发展,二者互为条件,有机统一于劳动实践中。

首先,马克思认为,人类实现自身自由而全面发展的过程,也是不断获取幸福的过程。伴随生产力的发展,人们逐渐从封建社会残忍的人身依附关系中解放出来;从资本主义社会异化、物化的依赖关系中剥离出来,最终实现人的自由全面发展,获取幸福的社会体验。正如《共产党宣言》中指出的:"代替那存在着阶级和阶级对立的资产阶级旧社会的,将是这样一个联合体,在那里,每个人的自由发展是一切人的自由发展的条件。"可见,人的自由全面发展是马克思幸福思想所要达成的重要目标。

其次,马克思所说的幸福从来不是单个人的幸福,而是整个无产阶级的幸福,是全人类的幸福,并且是全体人民通过自己辛勤劳动而获得的整体的、全面的幸福。马克思早在中学毕业论文中就指出:"如果我们选择了最能为人类而工作的职业,那么,重担就不能把我们压倒,因为这是为大家作出的牺牲;那时我们所享受的就不是可怜的、有限的、自私的乐趣,我们的幸福将属于千百万人,我们的事业将悄然无声地存在下去,但是它会永远发挥作用,而面对我们的骨灰,高尚的人们将洒下热泪。"显然,马克思认为幸福不是"个人的私事"或"一个人的幸福"。只有实现全人类的幸福,个人才能真正获得并享受幸福。

由此可知,在马克思这里,劳动从来不是纯粹个人的劳动,单个人的幸福也不是真正的幸福,不劳而获更不是一种幸福。只有通过辛勤劳动实现整体的幸福才是真正的劳动幸福。

二、劳动创造美好生活

> 幸福不会从天降,美好生活靠劳动创造。
> ——习近平

实现中华民族伟大复兴中国梦是中国特色社会主义的美好生活图景。美好生活是指与人的本质相一致的生活方式,而且从根本上讲,它体现的是人的一种美好的存在方式或生存状态,或者说通过生活方式呈现的人的发展状态。人民美好生活是中国共产党带领全国各族人民努力奋斗所要实现的价值目标。中国特色社会主义进入新时代这一新的历史方位,为人民能够以实践方式创造美好生活并在现实生活中成就美好生活提供了新的历史起点。

(一)劳动创造美好生活的基础作用

美好生活是通过辛勤劳动,在实践中创造出来的。美好生活不能靠大自然的"恩赐"或他人的"施舍",而必须通过劳动去创造。习近平总书记指出:"人世间的美好梦想,只有通过诚实劳动才能实现;发展中的各种难题,只有通过诚实劳动才能破解;生命里的一切辉煌,只有通过诚实劳动才能铸就。"由此可知,劳动是成就美好生活的基础,是开创美好生活的必由之路。

1. 劳动为美好生活创造物质基础

在马克思看来,"没有劳动提供丰富的生活资料,人的幸福就没有现实性,只能是虚假的幻想"。两千多年前,勤劳的中国人就已经意识到物质生活在整个社会生活中的重要性,春秋时期中国著名的思想家管仲提出"仓廪实而知礼节,衣食足而知荣辱"的观点,只有当人们的物质生活条件和生活环境得到改善、基本物质生活需求得到满足时,美好生活的实现才会成为可能。

马克思和恩格斯曾指出:"人们总是通过每一个人追求他自己的、自觉预期的目的来创造他们的历史。"人民群众是历史的创造者,是一切社会财富的创造者,美好生活由人民群众来创造。可以说,人类正是通过长期的劳动实践来积累物质生活资料,优化物质生活条件,从而为美好生活的实现奠定必要的物质前提。

新时代我国仍处于社会主义初级阶段,不平衡不充分的发展是制约美好生活实现的主要因素。中国共产党是为人民谋幸福的执政党,将创造和实现美好生活作为奋斗目标,坚持以人民为中心,认真落实创新、协调、绿色、开放、共享的新发展理念,引导和带领人民辛勤劳动、诚实劳动与创造性劳动,为实现美好生活提供坚实的物质基础。

2. 劳动提升了人对美好生活的主观体验

马克思肯定,主体在实现美好生活的劳动中,感受、体验生命的魅力和生活的美好。而人主观上的享受、满足和愉悦则成为判断生活是否美好或美好程度高低的重要指标。只有人在主观上产生了愉悦和满足感,才能真正达到美好生活的目的或高度。尽管不同的人对美好生活的体验在层次和水平上会有所不同,但是其愉悦和满足感的产生都离不开劳动。从劳动在人类社会发展进程中所起作用来看,劳动不仅可以维持人的肉体存活,而且可以塑造、提升、成就个人,使人在劳动中感受到快乐和满足。

人只有通过劳动,才能生产出生存所必需的生活资料,才能创造出多样化的文化产品,才能形成和谐的社会交往关系,才能建构体现人的价值情怀的精神世界,真正实现人的物质生活与精神世界的和谐统一,不断凸显人之为人的价值、彰显生命的意义。

(二)劳动创造美好生活的历史实践

从中国共产党的革命、建设、改革各个历史阶段来看,党始终为谋求人民的美好生活而不懈奋斗。

(1)建党时期,中国共产党的早期领导人李大钊认为,劳动是人类幸福的来源,劳动幸福的条件只有在人人平等的社会才能实现。1921年1月,陈独秀在广州公立法政学校的演讲中,指出"中国全民族对于欧美各国是站在劳动的地位,只有劳动阶级胜利,才能救济中国底危急及不独立"。早期马克思主义者为劳动人民谋求美好生活的愿望推动了中国共产党的成立和中国革命的开始。

(2)革命时期,中国共产党始终把劳动人民的利益摆在首要位置。为了克服敌人的封锁和物资短缺的困难,毛泽东创造性地提出革命军队既是战斗队也是生产队的观点。他号召延安军民自己动手发展生产,开展了大规模的大生产运动,逐步满足了解放区广大农民对土地的要求,极大地激发了他们的革命热情及对新中国美好生活的向往。

（3）新中国成立后，中国共产党采取多种举措改善人民生活。1956年，党领导全国人民进行了社会主义改造，社会生产力得到很大提高，改变了国民经济结构，奠定了社会主义工业化的初步基础。建立了独立的国民经济体系，解决了工业化从无到有的问题，为改善人民生活奠定了物质基础、提供了制度保障。

（4）党的十一届三中全会后，改革开放使人民的生活水平得到极大改善。邓小平认为，党的重要作用是领导人民通过劳动创造幸福生活，指出："社会主义的任务很多，但根本一条就是发展生产力，在发展生产力的基础上体现出优于资本主义，为实现共产主义创造物质基础。"

（5）党的十九大以来，构建美好生活成为新时代中国特色社会主义实践的鲜明特点。党的十九大指出"我国社会主要矛盾已经转化为人民日益增长的美好生活需要和不平衡不充分的发展之间的矛盾"。我国社会主要矛盾的转变，表明人民对生活的需求已经不仅仅限于物质生活满足的层次，而且对生活品质有了更高的要求，人们的物质生活、政治生活、精神生活、社会生活等也呈现日益紧密的交融与渗透，人民群众对社会生活的整体要求越来越高，人民生活消费的升级步伐总体上在加快，愈益追求更高层次的产品质量与服务水平。

（三）劳动创造美好生活的现实路径

在中国特色社会主义进入新时代的背景下，人民对美好生活的需求已经超出一般物质文化生活要求的范畴，"不仅对物质文化生活提出了更高要求，而且在民主、法治、公平、正义、安全、环境等方面的要求日益增长"。为了实现人民对美好生活的向往，中国特色社会主义开创了劳动创造美好生活的现实路径。

1. 社会主义生产要体现人与自然的和谐发展

社会主义生产以生态文明为导向，党的十八大把生态文明纳入"五位一体"总体布局中，党的十九大进一步明确把人与自然和谐共生作为基本方略，明确了建设美丽中国和生态文明中国的要求。"绿色发展是新发展理念的重要组成部分，与创新发展、协调发展、开放发展、共享发展相辅相成、相互作用,是全方位变革"。

而要做到人与自然和谐共生,必须在生产劳动中贯彻新发展理念。首先,在生产实践中,贯彻"绿水青山就是金山银山"的发展理念。其次,倡导低碳节约型的生活方式。习近平指出:"倡导简约适度、绿色低碳的生活方式,反对奢侈浪费和不合理消费。"这种生活方式不仅可以实现人与自然的和谐共生,回归生活的本真,而且使人们能够拥有更好的生活环境,促进身心健康发展。最后,加大生态环境治理力度。科学规划、合理利用自然资源,调动社会各界力量共同参与环境治理工作,确保破坏生态环境的生产行为被及时发现和制止。

2. 社会主义劳动要坚持以人民为中心的发展方向

劳动关系是各种社会关系的基础。马克思对资本主义的劳动关系进行了深入分析,认为资本主义雇佣关系是造成劳动关系紧张的根源,也是社会关系不和谐的根源所在。我国当前正处在转型阶段,仍存在不劳而获、劳动分配不公等现象,这在一定程度上影响了和谐劳动关系的形成。习近平指出"劳动关系是最基本的社会关系之一","要最大限度增加和谐因素、最大限度减少不和谐因素,构建和发展和谐劳动关系,促进社会和谐"。他还强调弘扬社会主义劳动价值观念,全社会都要以辛勤劳动为荣、以好逸恶劳为耻,不断引领和促进人的全面发展,这是社会主义美好生活的实践特色。

社会主义始终把人民视为历史的主体,通过"共建共治共享"的劳动促进人的全面发展。习近平结合中国社会主义初级阶段的基本国情提出了"以人民为中心"的发展理念,他强调应坚持人民主体地位,顺应人民群众对美好生活的向往。针对人民日益增长的多层次的美好生活需要,习近平在公共治理层面提出"共建共治共享"的新理念,同时在劳动者个体发展层面,他强调"教育是人类传承文明和知识、培养年轻一代、创造美好生活的根本途径","把教育摆在优先发展的战略位置,不断扩大投入,努力发展全民教育、终身教育,建设学习型社会"。总之,应"排除阻碍劳动者参与发展、分享发展成果的障碍,努力让劳动者实现体面劳动、全面发展"。

3. 劳动创造美好生活之路要与实现中国梦同向同行

中国梦在本质上是人民的美好生活之梦。中国梦强调国家富强、民族振兴、人民幸福的统一,其中国家富强、民族振兴是实现人民幸福的前提与基础,而人民幸福是根本目的,是实现中国梦的最终落脚点。"人民对美好生活的向往,就是我们的奋斗目标"。习近平指出:"中国梦是人民的梦,必须同中国人民对美好生活的向往结合起来才能取得成功。"中国伟大梦想这一战略目标的实现过程就是不断创造人民美好生活的过程。

人民对美好生活的向往,就是我们党的奋斗目标。正是从人民根本利益出发,党的十八大确立了"建设社会主义市场经济、社会主义民主政治、社会主义先进文化、社会主义和谐社会、社会主义生态文明,促进人的全面发展,逐步实现全体人民共同富裕,建设富强民主文明和谐的社会主义现代化国家"的总体布局。我们坚定不移沿着中国特色社会主义道路前进,为全面建成小康社会而奋斗,正是顺应人民的新期待。

当前,劳动是使每一位劳动者的梦想与国家民族的梦想连接起来的桥梁和纽带。习近平指出:"梦想属于每一个人,广大劳动群众要敢想敢干、敢于追梦。说到底,实现中华民族伟大复兴的中国梦,要靠各行各业人们的辛勤劳动。"习近平要求构筑和谐的劳动关系,形成尊重劳动的制度环境和社会风气,从各个层面创造激发劳动热情和潜能的社会生态。

在中国梦的引领下,全国各民族团结在中华民族共同体的大家庭中,走共享发展、共同富裕之路,人民才能创造历史、开拓未来、实现梦想、共享幸福。

三、劳动助推人生理想的实现

> 世界上最快乐的事,莫过于为理想而奋斗。
> ——[古希腊]苏格拉底

2021年4月19日,习近平在清华大学考察时强调:"当代中国青年是与新时代同向同行、共同前进的一代,生逢盛世,肩负重任。广大青年要爱国爱民,从党史学习中激发信仰、获得启发、汲取力量,不断坚定'四个自信',不断增强做中国人的志气、骨气、底气,树立为祖国为人民永久奋斗、赤诚奉献的坚定理想。"

人生理想是现实物质生活的反映,对现实物质生活具有非常重要的推动作用。我国进入"十四五"时期,我们如何在美好生活中实现人生理想,实践告诉我们:理想的实现仅有美好的愿望是不够的,还要靠我们的辛勤劳动。

(一)人生理想是个人理想与社会理想的辩证统一

我们每个人都生活在现实社会中,每个人的发展与社会的发展有着密不可分的关系。同样,个人理想与社会理想之间也存在密切的关系,人生理想是个人理想与社会理想的辩证统一。

1. 社会理想为个人理想的实现指明了前进的方向

人的本质属性是社会属性,个人活动以社会为前提条件,个人理想以社会理想为指引,并依赖其实现。个人理想要与社会发展的方向保持一致,要与社会的价值取向相一致,在社会主义社会,个人理想的确立要有社会理想作指导,个人理想只有同国家的前途、民族的命运相结合,个人的向往和追求只有同社会的需要和人民的利益相一致,才有可能变为现实。如果仅仅从个人角度出发去设计和追求个人理想,这种"理想"必定是苍白的、渺小的。这种"理想"的实现,往往是以损害国家利益、集体利益和他人利益为代价的。总之,只有符合社会理想总体要求的个人理想才是正确的,才有可能实现。

2. 个人理想是社会理想的细胞

社会理想植根于个人理想中,个人理想的实现是社会理想实现的重要手段和路径。社会理想并不否定和排斥个人根据社会需要、自己的条件所设计的个人理想。如果没有社会理想指导下的个人理想的实现,社会理想就会成为不着边际、虚无缥缈、高不可攀的空想和幻想。从个人理想对社会发展的影响来看,马克思理想观充分肯定了个人理想的作用，鼓励人们树立远大理想和积极作为，个人的发展与社会的发展应该保持一致，只有树立远大的个人理想和崇高的奋斗目标，才能够促进社会的发展，推动社会理想的实现。

习近平指出，广大青年的成长不是孤立的，要与国家、民族紧密联系在一起。因此，他呼吁青年"只有把人生理想融入国家和民族的事业中，才能最终成就一番事业"，"同人民一道拼搏、同祖国一道前进，服务人民、奉献祖国，是当代中国青年的正确方向"。这就要求我们同人民一道拼搏，选择与人民共进退，人民的选择代表着社会前进的方向，顺应社会前进的方向才能获得进步。青年必须深入人民群众中虚心向人民请教、向人民学习。同时，广大青年要有浓厚的家国情怀，有国才有家，祖国和个人的命运是息息相关、密不可分的。

（二）劳动实践性是人生理想的重要特征

实践性是马克思主义区别于其他理论的显著特征，也是习近平新时代中国特色社会主义思想的鲜明品格。马克思理想观具有实践性，人生理想扎根于现实，用于指导实践，并且在实践活动中不断证明自身的可行性。它来源于实践最后也将复归于实践。因而，正确的人生理想来自对社会发展规律、历史与现实条件的全面认识，它对社会实践起着导向作用。

1. 正确的人生理想来源于劳动实践

从马克思主义社会理想的建立中，我们可以发现，马克思对于理想的阐述绝非只停留在理论层面，而是在劳动实践中发展起来的。共产主义社会理想产生于资本主义社会，它是基于对社会发展矛盾和趋势的分析，在实践中总结和发展的社会理想。实践产生理论需求，同时正确的理论又来自对过去实践经验教训的总结，正确的人生理想也是这样。在半殖民地半封建社会的旧中国，仁人志士被"十月革命一声炮响"震醒，带领中国人民坚定地选择了社会主义道路，建立了新中国。广大劳动人民在中国共产党的领导下，通过辛勤劳动创造一个又一个奇迹，彻底激活了深藏于心中挥之不去的民族复兴的中国梦，中国梦归根结底是人民的梦,是全体中华儿女向往已久并为之奋斗的共同理想,也是青年一代应该牢固树立的远大理想。正确的思想为广大人民群众所接受,就在于这些理论符合人民的实践需要,因而促使人民群众在实践中表现出坚定顽强的意志和相对正确的斗争方式。

2. 正确的人生理想能够指导劳动实践

在马克思看来,人生理想的劳动实践性特征还在于它能指导人们进行改造现实世界的活动,马克思理想观确立的最终目标,就是要实现对于现实世界的理想改造,是带有实践性的活动。理想是行动的向导,习近平总书记在纪念五四运动100周年大会上指出"青年志存高远,就能激发奋进潜力,青春岁月就不会像无舵之舟漂泊不定"。正确的人生理想对实践的指导主要表现在三个方面。第一,正确的人生理想是抵制、批判错误思想的前提。第二,正确的人生理想能使实践主体在复杂的社会变局中保持坚定立场,用科学世界观和人民利益原则裁决是非曲直,作出行为抉择。第三,正确的人生理想使实践主体能够适时进入自我调适状态,以严肃认真的态度对待活动过程中接受到的反馈信息。正确的人生理想对实践的指导作用还在于它寄希望于在对客观世界的改造中实现自身价值。

3. 正确的人生理想能够经受实践的检验

党的十九届六中全会指出"党的百年奋斗展示了马克思主义的强大生命力,马克思主义的科学性和真理性在中国得到充分检验"。理想是否科学,要经过实践的反复检验视其结果如何而定,实践检验理想是一个错综复杂的过程。在社会斗争中,有时并不是因为人民的奋斗目标即理想不正确,而是因为在斗争力量的对比上,革命势力方面暂时不如反动势力方面,所以暂时没有达到预期的目的。但是以后人民的理想总有一天会实现的。人生理想信念的正确性不会因为它的现实性、超越性等而离开实践这一检验标准,这是因为:第一,无论是现实检验还是未来检验,只是时间问题而不是可不可以检验的问题。第二,理想信念总会以一定的行为表现出来,并不是空洞无物的东西,只要它表现为现实的物质运动,其正确性就能在实践中得到证明。第三,实践检验人生理想信念的正确性并不对实现理想过程中的全部细节求全责备。在方向正确、目标坚定、行动严肃的情况下，允许在实践中出现非原则意义上的错误。

（三）人生理想的实现需要付出艰辛的劳动

把美好的理想转化为现实，必须下一工功夫，付出艰辛的劳动。习近平总书记在第十二届全国人大一次会议上提道："'功崇惟志，业广惟勤。'我国仍处于并将长期处于社会主义初级阶段，实现中国梦，创造全体人民更加美好的生活，任重而道远，需要我们每一个人继续付出辛勤劳动和艰苦努力。"

1. 在艰苦奋斗中实现人生理想

艰苦奋斗是中华民族的光荣传统，是中国共产党的传家宝。艰苦奋斗之所以能成为我们党的优良传统和工作作风，因为它与党的崇高理想和奋斗目标是有机相连的。中国共产党自成立之日起，就把实现共产主义作为自己的远大理想和奋斗目标，并为之奋斗不息。为此，在民主革命时期，党领导人民坚持和发扬艰苦奋斗的愚公移山精神，推翻"三座大山"的压迫，实现翻身解放。新中国成立后，党领导人民创立了艰苦奋斗的大庆精神、雷锋精神，建立了独立的、比较完整的工业体系和国民经济体系。进入新时期，党又领导人民发扬艰苦奋斗的探索精神，找到了一条建设有中国特色社会主义的正确道路。

新时代赋予艰苦奋斗新的内涵和实践要求，当代青年仍需艰苦奋斗。习近平指出："在实现中华民族伟大复兴的新征程上，必然会有艰巨繁重的任务，必然会有艰难险阻甚至惊涛骇浪，特别需要我们发扬艰苦奋斗精神。"有了艰苦奋斗精神，人们可以在艰苦奋斗中形成崇高的理想、坚定的信念、高尚的道德、顽强的意志以及智慧和才能，就有了坚强的精神支柱，可以时刻保持昂扬的精神状态，使我们的事业从艰难走向辉煌，取得一次又一次胜利。建设我们伟大的祖国需要包括高校学生在内的每一个社会成员的不懈努力，大学生更应当珍惜来之不易的学习机会，惜时如金，刻苦学习，练好为人民服务的本领，为实现自己的远大理想而努力奋斗。

2. 在奉献中实现人生理想

理想具有阶级性,不同的阶级具有不同的理想。理想不同,实现理想的途径也不一样。剥削阶级为了实现占有更多金钱财富的"理想",其途径必然是对他人进行掠夺、侵占。而我们不论是为了实现共产主义的远大理想,还是为了实现社会主义的共同理想,都不能采取剥削、掠夺他人的途径,只能依靠全国人民的艰苦奋斗和无私奉献。实现共同理想,是我国各族人民近百年来梦寐以求的愿望和要求,我们必须提倡奉献精神。

人生理想是奉献精神形成的前提,而奉献精神是人生理想得以转化为现实必不可少的重要条件。一个人只有具备奉献精神,才会以高度的责任感和忘我奋斗的热情去对待自己所向往的事业,进而才会为人类进步作出更大的贡献。在革命年代,为革命流血牺牲是奉献精神,在建设社会主义现代化的年代,为实现共同理想,贡献自己全部的聪明才智,牺牲个人利益,服从国家利益,忘我地发愤学习,同样是奉献精神。今天,在抗击疫情和抗洪救灾的关键时刻,新时代青年用实际行动赋予奉献精神以崭新的内涵。从"五四"青年到新时代青年,奉献精神的火炬生生不息、代代相传,我们要传承奉献精神,提高奉献本领,把青春奉献在党和人民最需要的地方。

3. 在勇于创新中实现人生理想

创新是一个民族的灵魂,是一个国家兴旺发达的不竭动力。人类社会的发展历程其实就是一个不断创新的过程,人类之所以能够不仅生存下来,而且得到迅速发展,就是因为人类不但能适应环境,还能通过劳动实践改造环境。列宁曾精辟地指出:"世界不会满足人,人决心以自己的行动来改变世界","人的意识不仅反映客观世界,并且创造客观世界"。

创新是中华民族最深沉的民族禀赋,中华民族从未停止过图新、图强的脚步。中华人民共和国成立后,"两弹一星"、粮食自给、农业现代化、工业现代化、载人航天、探月工程、载人深潜、超级计算、5G通信等,创新图强的成就令世人瞩目,2022年初更是用创新之美成就了安全、绿色、精彩的北京冬奥会。习近平总书记在知识分子、劳动模范、青年代表座谈会上强调:"要敢于做先锋,而不做过客、当看客,让创新成为青春远航的动力,让创业成为青春搏击的能量,让青春年华在为国家、为人民的奉献中焕发出绚丽光彩。"当代青年要把个人理想融入社会理想,投身于广阔的社会生活之中,积极实践,改革创新,敢于突破,勇于开拓,不断完善和丰富自己的理想,才能更快、更好地实现人生理想,努力为实现共产主义理想而奋斗。

劳动实践

组织一次以"当代青年是否还需要艰苦奋斗"为主题的辩论会

(一)任务概述

活动主题: 了解艰苦奋斗对实现人生理想的意义和价值。

活动内容: 以班级为单位,策划、组织一次"当代青年是否还需要艰苦奋斗"的辩论会。正方的观点"当代青年还需要艰苦奋斗",反方的观点"当代青年不需要艰苦奋斗";在班级中选拔八位主辩手,也可由学生自荐。其他学生可以选择支持正反或者反方,并积极寻找相关材料,提供给自己的支持方。通过辩论,让学生更加明确当代青年还需要艰苦奋斗,新时代只是赋予艰苦奋斗以新的时代内涵和实践要求。

(二)任务实施步骤

(1)准备阶段。老师从整体上对本次活动进行布置和安排,积极动员广大学生投身于本次实践活动。同时,对学生进行活动意义的宣传教育。

(2)实施阶段。确定正方和反方辩手,由指导老师担任会议主持人。辩论的时候,应观点明确,互相尊重,只能针对对方的观点和理由进行辩论,而不能涉及对方的立场和人品。在提问环节,作为观众的学生可以提出相应问题。辩论会结束,会议主持人作出总结。

(3)总结阶段。根据辩手的表现、观者的反馈,由指导老师评定成绩,并将其纳入劳动考核成绩。同时,将本次辩论的情况汇总报学院相关部门。

(三)任务实施过程提示

在本次劳动探索中,要特别注意遵守辩论规则和纪律;要讲文明、懂礼貌,展现当代大学生应有的素质和形象。

(四)任务评价

(1)本次任务是否提前布置?　　　　　　　①是____　②否____
(2)本次活动策划是否规范、完整?　　　　　①是____　②否____
(3)本次活动有没有取得预期效果?　　　　　①有____　②没有____
(4)对活动作出评价,评分标准如下:

"'当代青年是否还需要艰苦奋斗'主题辩论会"活动评价

评价标准	分值	分数小计	教师评价
活动前认真准备	20分		
参加活动全过程	20分		
活动期间遵守规则、纪律	20分		
团队配合	20分		
临场反应	20分		

(五)任务小结

本次劳动探索的目的是让学生了解艰苦奋斗永不过时。使学生感悟梦在前方,路在脚下,当代青年应在劳动中迎难而上、吃苦耐劳、锲而不舍、驰而不息的奋斗,把青春华章写在祖国大地上。

【学习反馈】

(1)学习本章内容后,我的心得体会:

(2)学习本章内容后,我还想了解的相关知识点:

(3)学习本章内容后,我对劳动与人生的新认识:

劳动精神篇

第四章
劳动精神

全面认识劳动精神的内涵，正确理解劳动精神的时代价值，牢固树立崇尚劳动、热爱劳动、辛勤劳动、诚实劳动的思想观念，用行动践行新时代青年的奋斗精神，弘扬劳动精神，在社会主义现代化建设新征程中做知行合一的劳动者和接班人。

劳动榜样

袁隆平：田间地头走出的共和国勋章获得者①

袁隆平，首届国家最高科学技术奖得主，被誉为"世界杂交水稻之父"，先后获得改革先锋、最美奋斗者、共和国勋章等荣誉和称号。

1949年8月，19岁的袁隆平高中毕业，到了西南农学院读书。1953年，袁隆平从西南农学院毕业，成为新中国培养的第一批大学生。1960年，严重的大饥荒像蝗虫般掠过中华大地。袁隆平内心的壮志被激发起来。他发誓，一定要研究出一种高产的水稻，让自己的同胞能吃饱饭。当时，科学家都认定水稻杂交没有优势，可是倔强的袁隆平不认输，他相信自己的判断没有错，无数次试验、无数次失败都没有让他气馁。

一天，袁隆平像往常一样走在试验田里，突然一株特殊的稻穗引起了他的注意。惊喜之余，他继续潜心研究。终于，1973年袁隆平在全国水稻科研会议上，正式宣告中国籼型杂交水稻"三系"配套成功。这些年来，袁隆平的杂交水稻还走出国门，被越来越多的国家引种，他为解决全球饥饿问题立下了汗马功劳。

早在十几年前，就有评估机构得出结论，仅"袁隆平"这个名字的品牌价值就达千亿元之巨。但袁隆平认为，用财富衡量科学家太低级、太庸俗。在他眼中，下田种稻，让稻高产，不让人挨饿，才是他的兴趣所在，才是真正体现其价值的"身价"。

最近几年，虽年事已高，袁隆平仍多次强调，自己还有两个梦：第一个梦是"禾下乘凉梦"，希望高产水稻长得比高粱还高，穗子比扫帚还长，

---

① 《被世人铭记的袁隆平，一生只做一件事》，搜狐网，2021年5月22日，有删改。

籽粒如花生米那么大；第二个梦是"杂交水稻覆盖全球梦"，全世界水稻田有1.6亿公顷，如果有一半种上杂交稻，每公顷增产2吨，可增产粮食1.6亿吨，可以多养活5亿人口。在晚年，袁隆平仍心系稻田，并坚持下田。2019年9月，袁隆平获得"共和国勋章"，他接受采访时说，回去第一天就要去下田。为方便研究，湖南省农科院在袁隆平住宅旁为他安排了一块试验田。这块田，他站在自家窗户旁就能看到，可只要在长沙，他依然坚持每天去田里。袁隆平每年都会到三亚南繁基地工作三四个月，2020年12月，袁老已满90岁高龄，尽管家人和同事担忧他的身体状况，但他还是和往年一样前往南繁基地开展科研。因为腿脚不便，袁老不能经常下田，他就在住所拿着显微镜，仔细观察第三代杂交水稻种子，作详细记录。

因多器官功能衰竭，袁隆平于2021年5月22日13时07分在长沙逝世，享年91岁。5月24日上午，长沙明阳山殡仪馆前排着长长的队伍，向摆着袁隆平遗像的明阳厅蜿蜒前进。大家神情肃穆哀伤，戴口罩，捧鲜花，有序入场，"只为鞠一躬，送最后一程"。还有人带来了稻穗。不管是线上，还是线下，大量学生、青年用自己的方式为袁隆平送别。这些"90后""00后"，他们生活在物质丰裕的时代，依然被这位老人打动。打动年轻人的袁隆平，被称为"稻田里的守望者"和"乘风破浪的爷爷"。

如今，被老百姓尊称为"米菩萨"的袁隆平已离我们远去。袁隆平的故事告诉我们，生命里的一切辉煌，只有通过辛勤劳动才能铸就。

一、劳动精神的内涵

> 劳动模范和先进工作者、先进人物不仅自己要做好工作，而且要身体力行向全社会传播劳动精神和劳动观念，让勤奋做事、勤勉为人、勤劳致富在全社会蔚然成风。
>
> ——习近平

在长期的实践中，我们培育形成了崇尚劳动、热爱劳动、辛勤劳动、诚实劳动的劳动精神。人间万事出艰辛。崇尚劳动、热爱劳动、辛勤劳动、诚实劳动,是人生出彩的金钥匙,也是创造美好生活的必经之路。

(一)劳动精神的概念

习近平强调,劳动最光荣、劳动最崇高、劳动最伟大、劳动最美丽,并指出要在全社会大力弘扬劳动精神。那么,什么是劳动精神呢?劳动精神既有学理上的定义,也包含当代现实价值的内容。

1. 劳动精神的基本含义

劳动精神是每一位劳动者为创造美好生活而在劳动过程中秉持的劳动态度、劳动观念、劳动习惯及展现出的劳动精神风貌。劳动是人类生存的前提,也是人类文明产生和发展的基础,劳动与人类社会相伴相生,劳动创造了人类,创造了人类文化。劳动不仅为文化的形成提供了物质和精神基础,而且劳动本身也充满丰富的文化内涵。也就是说,劳动包含文化的要素,因为任何劳动都必然体现为劳动者的劳动思维、劳动技能、劳动责任感、劳动价值观、劳动态度、劳动习惯、劳动追求、劳动理念等重要内容。纵观世界文明史,人类的所有进步和发明创造都是劳动带来的,而创造一切文明奇迹的根源,就在于人类身上体现出的劳动精神。

劳动者创造劳动精神,劳动精神成就劳动者。当前,国家全面推动劳动教育,大力弘扬劳动精神,一方面展现了党和国家对广大劳动者的高度重视,另一方面也体现了劳动精神对培育社会主义建设者和接班人的重大意义。

(1)劳动精神体现劳动态度。劳动精神首先表现为劳动态度。态度决定高度,劳动态度决定劳动的质量。所以,我们学习和践行劳动精神就需要端正劳动态度。劳动态度左右着我们的思维和判断,影响着我们的劳动情感与劳动实践,有什么样的劳动态度,就会取得什么样的劳动成果。

(2)劳动精神展现劳动观念。劳动精神的核心是劳动观念,即劳动者对劳动的认识和看法。在现代社会,随着科技的进步和人们生活水平的提高,资本、知识、技术、信息在生产生活中的作用不断凸现,人们的劳动观念发生了很大变化。

部分人对劳动的理解出现偏差,好逸恶劳、渴望不劳而获、盲目消费、拜金主义等现象层出不穷。这就需要用马克思主义劳动观特别是新的劳动观,引导广大劳动者尤其是大学生树立正确的劳动观念。

(3)劳动精神彰显劳动习惯。弘扬劳动精神的目的就是养成热爱劳动、尊重劳动、崇尚劳动、践行劳动的好习惯,每一位劳动者都应该养成良好的劳动习惯。青少年时期是劳动习惯养成的关键时期,学校、家庭、社会等要密切配合,合理分工,根据不同学习阶段的特点,采取有效的劳动教育手段,激发青年学生自觉参与劳动实践,循序渐进引导他们养成热爱劳动、尊重劳动、崇尚劳动、践行劳动的好习惯。

2. 新时代劳动精神的主要内容

2020年11月,习近平在全国劳动模范和先进工作者表彰大会上的重要讲话中,第一次正式概括了劳动精神的主要内容,即崇尚劳动、热爱劳动、辛勤劳动、诚实劳动。崇尚劳动就是让每一位劳动者认识劳动的重要价值,牢固树立劳动最光荣、劳动最崇高、劳动最伟大、劳动最美丽的观念。热爱劳动就是让每一位劳动者热爱自己的岗位和工作,营造热爱劳动的社会风气,培养大学生热爱劳动的习惯和素养。辛勤劳动就是勤奋地劳动,从中磨炼劳动意志和劳动毅力,既要有吃苦耐劳的精神,又要养成勤快的习惯。诚实劳动,既是劳动态度,也是劳动品格,就是既要以诚实的态度做事,又要以诚实的态度做人。新时代劳动精神既是对广大劳动者劳动实践的高度肯定和科学总结,也是对马克思主义劳动观的丰富和发展。

马克思以劳动解说唯物史观,以劳动构建剩余价值学说,以劳动奠基人的解放思想,从而形成丰富的劳动思想。习近平在继承马克思劳动思想的基础上,结合当代劳动的新特点和新变化,从如何对待劳动、如何对待劳动者、如何对待劳动关系三个层面,对劳动精神作出了与时俱进的科学诠释。新时代劳动精神是对以劳动创造价值为核心内容的理论阐述,集中体现了以人民为中心的价值取向,彰显了以构建和谐劳动关系为鲜明特征的制度优势。

(二)劳动精神的时代价值

劳动精神的提出和践行,在我国建设社会主义现代化强国的新时代有着重要的时代价值,主要表现为政治价值、经济和社会价值、教育价值。

1. 政治价值

劳动精神的首要时代价值表现为政治价值。也就是说,劳动精神的弘扬和践行既是马克思主义劳动观的具体要求,也是中国特色社会主义事业发展的内在需要。从这个意义上讲,劳动精神体现了党和国家坚持马克思主义理论指导的立场。以劳动为重要理论基石形成的马克思主义理论,不仅深刻改变了世界,也深刻改变了中国。

劳动精神体现为科学精神、以人民为中心的精神、实践精神、开放精神。科学精神强调通过劳动来认识和遵循客观规律,以人民为中心的精神强调尊重人民群众的劳动主体地位及其劳动积极性、主动性、创造性,实践精神强调借助于劳动实践来完成认识世界、改造世界的任务,开放精神强调劳动者需要不断地自我革命和自我提升。其中,以人民为中心的精神是劳动精神的核心。这就要求我们弘扬和践行劳动精神,必须坚持人民立场,富有人民情怀,大力弘扬劳动光荣、知识崇高、人才宝贵、创造伟大的时代新风,推动全社会热爱劳动、投身劳动、爱岗敬业,为社会主义现代化建设、中华民族伟大复兴贡献智慧和力量。

2. 经济和社会价值

劳动精神的经济和社会价值主要是指劳动精神对于我国经济和社会发展的重大价值。劳动精神的经济和社会价值本质上体现的是劳动与劳动者的经济和社会价值。也就是说,经济和社会的发展根本上是由劳动和劳动者推动的。实现中华民族伟大复兴的中国梦,是我国新时代经济和社会发展的重要目标。要实现这一目标,就必须重视劳动、劳动者及其展现的劳动精神。党和国家特别是习近平总书记对于劳动精神的高度重视,就是因为劳动和劳动者对于我国经济和社会的发展具有重要的推动作用。为了更好地发挥劳动和劳动者在我国新时代经济和社会发展中的巨大作用,展现劳动精神的经济和社会价值,2017年中共中央、国务院印发了《新时期产业工人队伍建设改革方案》,充分体现了以习近平同志为核心的党中央对包括产业工人在内的工人阶级的高度重视和亲切关怀,释放出党中央始终坚持以人民为中心的发展思想和全心全意依靠工人阶级的方针的强烈信号,体现了劳动精神的经济和社会价值,对于实施制造强国战略、全面提高产业工人素养具有重大而深远的意义。

3. 教育价值

劳动精神的弘扬和践行不仅有着重要的政治价值、经济和社会价值,而且有着重要的教育价值。劳动精神的教育价值既体现在全社会都要学习、弘扬和践行劳动精神上,又体现在所有学生都要接受劳动精神的教育上。从一定意义上讲,劳动精神的教育就是热爱劳动的教育。新时代的我国学生在接受德、智、体、美教育的同时,还必须接受劳动教育,成为德、智、体、美、劳全面发展的社会主义建设者和接班人。

2020年3月20日,中共中央、国务院颁发的《关于全面加强新时代大中小学劳动教育的意见》(以下简称《意见》),在谈到劳动教育的重大意义时指出,近年来一些青少年中出现了不珍惜劳动成果、不想劳动、不会劳动的现象,劳动的独特育人价值在一定程度上被忽视,劳动教育正被淡化、弱化。对此,全党全社会必须高度重视,采取有效措施切实加强劳动教育。《意见》进一步指出,把劳动教育纳入人才培养全过程,贯通大中小学各学段,贯穿家庭、学校、社会各方面,与德育、智育、体育、美育相融合,紧密结合经济社会发展变化和学生生活实际,积极探索具有中国特色的劳动教育模式,促进学生形成正确的世界观、人生观、价值观。

《意见》还对劳动教育体系作了全面阐述,指出有目的、有计划地组织学生参加日常生活劳动、生产劳动和服务性劳动,让学生动手实践、出力流汗,接受锻炼、磨炼意志,培养学生正确的劳动价值观和良好的劳动品质。劳动教育使学生能够理解和形成马克思主义劳动观,牢固树立劳动最光荣、劳动最崇高、劳动最伟大、劳动最美丽的观念;体会劳动创造美好生活,体认劳动不分贵贱,热爱劳动,尊重普通劳动者,培养勤俭、奋斗、创新、奉献的劳动精神;具备满足生存发展需要的基本劳动能力,形成良好的劳动习惯。职业院校以实习实训课为主要载体开展劳动教育,其中劳动精神、劳模精神、工匠精神专题教育不少于16学时。

二、劳动精神的传承

> 民生在勤,勤则不匮。
> ——《左传》

中国特色社会主义进入新时代,中华民族迎来了从站起来、富起来到强起来的伟大飞跃,迎来了实现中华民族伟大复兴的光明前景。现在20岁左右的大学生,到2035年社会主义现代化基本实现时,风华正茂;到21世纪中叶全面建成社会主义现代化强国时,年富力强,当代大学生是民族复兴伟大进程的见证者和参与者,更是社会主义事业的生力军。"不惰者,众善之师也",大学生要承担起时代赋予的历史责任,就必须深刻认识劳动教育的重要性,培养勤俭、奋斗、创新、奉献的劳动精神。

(一)劳动精神的中华传统文化特征

无论是在现实需要层面还是在学理层面,劳动精神都是一个十分重要的课题。中华民族历来就有勤劳勇敢、自强不息的优良传统,在劳动中形成了辛勤劳动、诚实劳动、创造性劳动的理念和劳动最光荣、劳动最崇高、劳动最伟大、劳动最美丽的价值观。

1. 勤俭是中华民族的传统美德

我国先民很早就有了"俭,德之共也;侈,恶之大也""历览前贤国与家,成由勤俭破由奢"等与勤俭有关的思想观念。诸葛亮把"静以修身,俭以养德"作为"修身"之道;朱柏庐将"一粥一饭,当思来处不易;半丝半缕,恒念物力维艰"当作"齐家"的训言;毛泽东以"厉行节约,勤俭建国"为"治国"的经验。在漫漫的历史长河中,勤俭的思想观念逐渐积淀为中华民族最深沉的民族禀赋。

勤俭是具有鲜明中华民族传统美德特征的劳动精神。《说文解字》:"勤,劳也。"由此可见,"勤"就是"劳","勤"富含鲜明的劳动精神。《尚书》中"克勤于邦,克俭于家"把勤、俭联系起来阐述,强调勤俭于国于家都是中华民族不可或缺的传统美德。我们党继承和弘扬中华民族这一传统美德,铸就了艰苦奋斗、勤俭立业的优良传统。1936年,美国作家埃德加·斯诺来到延安,见到我们党的领导人住在简陋的窑洞里,睡在土炕上,穿着用缴获的降落伞做成的背心。他把这种勤俭精神称为"兴国之光"。中华文明之所以能够生生不息、历久弥新,中华民族之所以能够砥砺前行、再创辉煌正是因为具有勤劳节俭、艰苦奋斗的品质。

2. 中华民族是勤于劳动、善于创造的民族

劳动精神的中华传统文化特征集中体现为"勤",即对劳动的尊重与热爱。"民生在勤,勤则不匮",劳动不仅铸就了中华民族灿烂辉煌的历史,而且创造了中国日益发展壮大的今天。中华民族是勤于劳动、善于创造的民族,在五千年的历史文明中,中华优秀传统文化延绵不绝,内含对劳动精神的尊重与追求,从盘古开天辟地、女娲补天、精卫填海、愚公移山的神话故事,到神农氏尝百草、大禹治水的历史事实;从古代诸子百家"赖其力者生,不赖其力者不生"的劳动主张,到近代中华各族儿女为国家独立与富强、民族发展与振兴的付出和努力;从改革开放、大胆创新的伟大实践,到今天全面建成小康社会、人民追求美好幸福的生活,这所有的一切都离不开劳动实践,折射出中华民族坚韧不拔、迎难而上、筚路蓝缕、勤以为民的精神品质。

勤劳节俭、孜孜以求、艰苦卓绝的精神品格历来为中华民族所推崇,这些优秀传统文化中孕育的伟大梦想和劳动精神支撑着中华文明历久弥新,引领和激励着中华民族一路前行、披荆斩棘。

(二)劳动精神的社会主义特征

1. 尊重劳动的价值取向

尊重劳动就是坚持劳动至上,让劳动者创造伟大。正如习近平所言,"在我们

社会主义国家,一切劳动,无论是体力劳动还是脑力劳动,都值得尊重和鼓励;一切创造,无论是个人创造还是集体创造,也都值得尊重和鼓励"。诚然如此,劳动使人类从远古走到现在,从野蛮走向文明,成为推动经济发展、社会进步的根本力量。回首过往,尊重劳动的价值取向在历史发展中不断强化。从古代"轻劳动与重民本、倡勤劳并行",到近代"劳工神圣"观念的兴起,再到当代"劳动光荣、创造伟大"价值的倡导,无不彰显了我国人民尊重劳动的历史逻辑与实践形态。可以说,中华民族历来是尊重劳动、尊重劳动者及其劳动成果的民族。正是因为尊重劳动、尊重劳动者,才创造出举世瞩目的中华文明,才有力地推动中国特色社会主义进入新时代,才为实现中华民族伟大复兴奠定了扎实的基础。当前,我国物质文明成果和精神文明成果不断丰盈,一大批"国之重器"、高新技术、"硬核"产品竞相涌现,其背后凝结的无不是劳动者的辛勤汗水和聪明才智。如果缺失对劳动者的应有尊重、对劳动地位的应有认可,人民群众对美好生活的追求将无从谈起,中华民族的伟大复兴也将难以实现。为此,习近平强调,"全社会都要贯彻尊重劳动、尊重知识、尊重人才、尊重创造的重大方针……任何时候任何人都不能看不起普通劳动者,都不能贪图不劳而获的生活"。显然,每一种劳动形态都有其存在的价值和意义,每一个劳动者的付出都能助力实现梦想。只有充分尊重劳动,才能激发劳动者的奋斗热情和创造活力,助推他们创造幸福生活、实现远大理想。广大人民群众也唯有投身劳动,坚定信念,在工作岗位上各司其职、各尽其责,不断发光发热,才能成为民族复兴的合格见证者、优秀参与者和伟大奉献者。

2. 崇尚劳动的价值取向

崇尚劳动就是推崇劳动之美、认可劳动者的价值与地位。只有全社会都崇尚劳动,才能释放劳动的价值魅力,才能提升对劳动者的认同,才能为实现中国梦汇聚最磅礴的力量。一个时代无论处在何种历史方位、一个国家一个社会无论内外条件如何变化,崇尚劳动都应是永恒的主题,都必须始终关注劳动者在推动国家发展、社会进步和家庭幸福中的主力军作用。党和国家倡导崇尚劳动,是因为劳动乃一切成功的必经之路。当前中国正朝着建设社会主义现代化强国迈进,根本上需要依托劳动、依靠劳动者。可以说,把崇尚劳动作为全社会弘扬劳动精神的重要一环,既是对劳动者社会地位的表达,也是对劳动独特作用的认定。需要指出的是,无论劳动者从事何种职业,只要能立足本职工作岗位,肩负起应尽的职责,做到干一行、爱一行、精一行,就都是光荣的。

3. 热爱劳动的价值取向

热爱劳动是劳动者对劳动的积极态度,是创造众多社会奇迹的劳动者所共有的品质。习近平总书记强调:"全社会都要热爱劳动,以辛勤劳动为荣,以好逸恶劳为耻。"这是因为,只有基于对劳动的热爱,劳动者才能最大限度地发挥聪明才干,提高劳动效率,进而体会到自我价值实现的满足与喜悦。反之,如果对劳动不能形成由内而外的热爱,那么劳动则会异化为外在的束缚和枷锁,人在劳动中必然不是感到幸福,而是感到不幸。正如马克思所言,"只要肉体的强制或其他强制一停止,人们就会像逃避瘟疫那样逃避劳动"。劳动由此成为令人厌恶和痛苦的事情。可以说,人民群众只有坚持热爱劳动的价值观念,继承和发扬热爱劳动的传统美德,才会心甘情愿地接受劳动,实现由"要我劳动"到"我要劳动"的转变,而非滋生对劳动的盲从和被动;才会心悦诚服地认同劳动,在工作岗位上埋头苦干,而非内生对劳动的反感和排斥;才会心无旁骛地埋头劳动,全面提升自身的劳动素养,而非产生对劳动的懈怠和逃离。当然,热爱劳动不是与生俱来的,而是后天培养和训练出来的,需要在教育上不断引导、在实践中不断养成。正如习近平所强调的那样,"要教育孩子们从小热爱劳动、热爱创造,通过劳动和创造播种希望、收获果实"。为此,培养热爱劳动的价值取向,就要把握劳动教育规律,遵循人的成长规律,注重教育实效,强化综合施策,从小抓好劳动教育。通过有效整合家庭、学校和社会等各方面力量,形成协同育人格局,让热爱劳动成为一种鲜明的价值标识,在孩子们心中构筑起自觉抵制鄙视劳动、歧视劳动者的"铜墙铁壁"。

(三)劳动精神的新时代特征

1. "实干苦干巧干"的奋斗精神是新时代劳动精神的基础

奋斗是最为艰辛的劳动,撸起袖子加油干,奋斗就是实干,新时代的劳动精神讲求实干、苦干和巧干。社会主义和新时代都是干出来的,只有通过劳动才能开创未来,只有通过奋斗才能实现梦想。党领导中国人民经历了艰苦卓绝的劳动历程,最终赢得革命胜利,建立了中华人民共和国,完成了社会主义改造,确立了社会主义基本制度,再到改革开放,每一项彪炳史册的历史成就,都是凭借不屈不挠、敢拼敢干的奋斗精神,与各种艰难困苦、风险挑战作坚决斗争才取得的。

奋斗精神强调实干。实干就是立足现实,诚实劳动,踏实肯干,是对劳动态度的描述。习近平多次在公开场合谈到"实干兴邦",强调"幸福不会从天而降,梦想不会自动成真。……'空谈误国,实干兴邦',实干首先就要脚踏实地劳动"。中华民族璀璨的文明和中国改革开放的巨大成就,都体现了深深根植于民族血脉中的实干精神。中华民族伟大复兴中国梦的实现不会一蹴而就,依然要靠这种实干精神,作为社会主义的劳动者、建设者,我们要在实干兴邦的语境中重新认识社会主义劳动。

奋斗精神强调苦干。苦干就是具有"艰苦不怕吃苦"的精神,通过辛勤劳动、艰苦奋斗来战胜环境的艰难,攻克发展的难题。今天,中国社会的发展环境与革命时期、中华人民共和国成立初期乃至改革开放初期相比已经发生迥然变化,人民生活水平有了巨大改善,但是解决发展不平衡不充分问题的任务仍然异常艰巨,各种自然灾害和无法预估的社会风险必须面对,保护好人类赖以生存的生态环境、建设美丽中国、推进绿色发展,每一项发展任务都很艰难,习近平号召广大人民在党的领导下"咬定目标",埋头苦干,充分发挥主观能动性,拿出"干劲""闯劲""钻劲",齐心协力,勇于战胜改革发展道路上的一切难题。

奋斗精神强调巧干。巧干是在实干的基础上把握劳动规律,创新劳动方法和技巧,统筹协调各方资源和力量,形成劳动合力,达到事半功倍的效果,创造更大的劳动价值;巧干要顺势而为,借势而进,乘势而上,借时代发展之势,用发展的观点分析问题,把科学发展的理念落实到劳动实践中,把劳动目标落实到"干成事"上。

新时代中国特色社会主义事业迈入改革开放新征程,只有在把握中国改革开放规律的前提下,顺应历史发展大势,抓住历史变革时机,实干苦干,科学巧干,才能在接续奋斗中创造当代中国新辉煌。

2. 创新创造精神是新时代劳动精神的灵魂

劳动是富于创新创造的,人类历史发展进程中的每一次飞跃都离不开人类的辛勤劳动和创新创造。创新创造是劳动精神的灵魂。创新创造精神是社会发展的不竭动力,其本质是求新求变,是在遵循客观规律的前提下,对旧思想、旧事物提出质疑,勇于进行变革的精神。创新创造精神是科学精神的体现,是人们在认识世界和改造世界的过程中用理性精神去追求真理的态度和规范,是大胆质疑、反复验证、探索创新、自由竞争等科学态度和精神品质的反映。创新创造精神源于中华民族千百年来勤劳智慧的劳动实践,并不断汲取人类社会的先进文明成果,既是对人类社会发展生存竞争压力的对抗,又是对中国社会发展振兴使命的担当,是新时代中国社会发展的智慧引擎。改革开放以来,我国经济之所以能够取得突飞猛进的发展,正是因为我们对生产关系的调整充分激发了广大劳动人民的创造热情,而依靠这种创造性劳动产生的巨大社会财富又反过来回馈广大劳动人民,激发人民更大的创造力。小岗村开创的家庭联产承包责任制、返城知青开创的个体经营模式等,无不彰显了劳动人民开时代先河的首创精神。城市化进程中的进城务工人员、自强不息的下岗再创业者,无不体现了劳动人民敢拼、敢闯,敢于应时代之变而主动出击的精神。以袁隆平、屠呦呦为代表的脑力劳动者以科技创新改变人们生活同样彰显了伟大的创新创造精神。事实证明,改革开放在认识、实践上的每一次突破和深化,以及改革开放中每一个新生事物的产生和发展、每一个经验的取得和积累,都来自亿万劳动人民创新创造的潜力、激情和能力。在新时代的劳动实践中弘扬创新创造精神,就是要革新传统的、低效率的生产方式,探索、发现、使用新知识、新技能、新手段、新材料等,努力创造新的产品或新的生产方式,从而以更高的效率从事劳动,创造更优质的劳动成果,使国家实现更高质量的发展,不断满足人们对于美好生活的追求和向往。新时代弘扬创新创造精神,解决技术中的"卡脖子"问题,就是要引导劳动者进行"首创性"探索,由被动劳动转向创造性劳动,提升自主创新能力,把握发展的主动权,实现创新驱动中的高质量发展。

3. 奉献精神是新时代劳动精神的主题

新时代劳动精神凸显以劳动报效国家,当国家有需要时挺身而出、主动作为的奉献精神。奉献精神既彰显时代精神,又是伟大民族精神的具体体现,对于一个国家、一个民族的前途至关重要。社会主义社会消除了阶级对立和阶级剥削,每一个社会主义劳动者都是国家的主人,都应该充分发扬主人翁精神,倡导为国家和社会的利益,忘我劳动、肯于牺牲、甘于奉献。在长期的革命、建设和改革实践中,为了国家的独立与富强,为了工人阶级和最广大人民群众的利益,党领导中国人民创造形成的南泥湾精神、大庆精神、北大荒精神、铁人精神、抗震救灾精神、抗疫精神等一系列伟大精神,都包含爱国奉献的精神品质,涌现出雷锋、王进喜、焦裕禄、孔繁森、杨善洲、郭明义、袁隆平、钟南山等一大批无私奉献的光辉榜样,他们以劳动者的身份生动诠释了劳动的真谛。每一个社会主义劳动者都应该以为国家、集体、社会和人民劳动为荣,做政治坚定的劳动者。一代人有一代人的奉献,每个时代都有为国奉献的杰出劳动者代表,新时代爱岗敬业是最生动的爱国奉献。守岛英雄王继才从国家大义和人民需要出发,坚守海岛32年,把爱国情怀转化为履职尽责的工作激情,把个人价值的实现融入国家前途和命运中,以平凡的劳动书写赤诚报国的价值追求,塑造了中国劳动者的实干精神和劳动品格,成为引领社会劳动风尚的强大精神力量。奉献精神还包含党的领导干部的公仆精神,这是关系党在人民群众中的形象,关系人心向背,关系党和国家生死存亡的重要精神特质。中国共产党的几代领导人都重视在劳动实践中历练党员干部,反复强调党的领导干部、国家公务人员必须树立公仆意识,践行党全心全意为人民服务的宗旨。

习近平指出:"劳动是共产党人保持政治本色的重要途径,是共产党人保持政治肌体健康的重要手段,也是共产党人发扬优良作风、自觉抵御'四风'的重要保障。"党的领导干部要树立正确的劳动价值观,自觉投身于劳动实践,在劳动中增进与人民的情感,密切与人民群众的联系,打牢群众基础,不断增强抵御腐败、自我革新的能力,更好地发扬党的优良传统和作风,彰显新时代共产党人的政治本色。

三、劳动精神的践行

> 社会主义是干出来的,新时代是奋斗出来的。
> ——习近平

青年兴则国家兴,青年强则国家强。党和国家事业的发展,为当代青年创造出彩人生搭建了广阔的舞台。在与新时代同向同行、共同前进中,广大青年把人生理想与伟大事业相结合,不断展现青春风采。一个人的发展离不开个人的奋斗,更离不开时代的进步。大学生应肩负起历史使命,立大志、明大德、成大才、担大任,勇于砥砺奋进,练就过硬本领,用自身的奋斗弘扬时代精神,对劳动精神作出新的诠释。

(一)劳动精神成就时代新人

劳动精神与时代新人是相互成全的关系。劳动精神铸就了时代新人,时代新人在自身的实践中也丰富、发展了劳动精神。社会主义现代化建设离不开无数劳动者的艰辛努力。他们出身平凡,但在平凡的工作中作出了不平凡的业绩,得到了党和国家的承认、社会的认可。2020年11月24日,全国劳动模范和先进工作者表彰大会在北京人民大会堂隆重举行。在众多的劳模名单中,毕业于职业院校的余军伟和曾俊钦格外显眼。在第25届"中国青年五四奖章"获奖者名单中,专科生梁攀赫然在列。

> **拓展阅读**

劳动模范

劳动模范简称"劳模",指在社会主义建设事业中成绩卓著的劳动者,经职工民主评选,有关部门审核和政府审批后被授予的荣誉称号。劳动模范分为全国劳动模范与省部级劳动模范,有些市、县和大企业也评选劳动模范。中共中央、国务院授予的劳动模范为"全国劳动模范",是中国最高的荣誉称号。与之同级的还有"全国先进生产者""全国先进工作者"称号。劳动模范是民族的精英、人民的楷模、共和国的功臣。

1. 全国劳动模范余军伟

2020年11月,河南工业职业技术学院优秀毕业生余军伟被评为"全国劳动模范"。从一名普通的高职学生成长为全国劳模,学校的培养教育为他打开了一扇窗,并照亮了他技能报国的人生道路。2004年,余军伟入校学习机械设计与制造专业,从做中学、从学中悟,掌握了应用于生产实际的技术技能,锤炼了"忠、毅"的品格、"严、细"的作风,树立了"精、优"的质量观念。毕业后,余军伟工作于河南航天精工制造有限公司,凭着扎实的基础和不服输的韧劲,他不断用技术创新来实现自己的航天报国梦。在面对某发动机配套研制任务时,他成功解决了高温合金材料螺栓成形缺陷和模具寿命短的问题,为企业节约了大量的生产成本;在完成国家某重点工程研制任务中,他以"一次镦锻成形技术"为航天事业提供了高科技、高性能紧固件;在轨道交通领域,他研制的制动盘螺栓、螺母,成功替代了进口产品,打破了国外的技术垄断。说起自己成功的秘诀,他坦言:"干一行、爱一行、钻一行、精一行,吃得了苦,挑得起重担,在谋求发展上求真务实,才能取得良好的成绩。"

2. 全国劳动模范曾俊钦

曾俊钦,生长于广东潮州的大山深处,2020年11月24日,他第一次走进人民大会堂,作为"全国劳动模范"上台领奖。22岁的广汽本田一线工人曾俊钦载誉归来。毕业于广州市交通运输职业学校的他,其经历让社会感受到"技能改变命运"的骄傲,他因而获评"职业教育成功的范本"。在2018年的比赛季,曾俊钦收获累累硕果:广东省职业院校技能大赛(中职组)车身修复项目竞赛冠军,第45届世界技能大赛车身修理项目广州市选拔赛、广东省选拔赛第一名,全国职业院校技能大赛汽车维修类项目竞赛车身修复项目全国一等奖,并以第七名身份晋级第45届世界技能大赛车身修理项目国家集训队。入职后,他参加广东省职业技能大赛汽车维修工(汽车钣金维修)职业技能竞赛,以绝对的优势将冠军收入囊中,并获封"广东省技术能手"。在"五羊杯"全国首届机动车检修工(车身修理)职业技能竞赛中,他勇夺冠军,获得"全国技术能手"荣誉称号。"过硬的专业能力是支撑我能同时参加两个赛项训练和比赛的基础",曾俊钦坦率地回答。训练焊接技术时,车间温度很高,他的衣服经常被汗水浸湿,即使穿着防护服,身上也到处是被焊花烫的伤疤。在弘扬劳动精神、崇尚工匠精神的今天,只要你技能精湛,就一定可以实现人生的价值。

3. "中国青年五四奖章"获奖者梁攀

"中国青年五四奖章"是共青团中央、中华全国青年联合会授予中国优秀青年的最高荣誉。重庆铁路运输技师学院大赛办公室教练组组长、24岁的梁攀被授予第25届"中国青年五四奖章"。梁攀凭借不服输的劲头,从电子技术门外汉成长为世界技能大赛冠军。2019年8月27日,他身披五星红旗站在第45届世界技能大赛冠军领奖台上,捧回中国电子技术项目首枚金牌,实现了不负嘱托、技能报国的初心。梁攀深信:"没有百分之百的成功,但要百分之百地努力。"对于电路,梁攀有着高度自信,这自信源于他5年如一日的苦心孤诣,源于他对电子技术的忘情与热爱。五年磨一剑,精湛的技术,终于让梁攀荣耀加身。世赛结束后,梁攀瞬间成了众多企业眼中的"香饽饽",其中不乏重金相邀者。怀着一颗赤子之心,梁攀回母校担任了学院大赛办公室教练组组长,他要将自己的经验口传心授给学生,帮助更多的学生实现梦想。

(二)用行动弘扬新时代劳动精神

劳动精神的培育关键在行动。习近平指出：人世间的一切幸福都需要靠辛勤的劳动来创造。中华人民共和国成立以来，亿万劳动者通过辛勤劳动创造了一个又一个"中国奇迹"，向我们证明，无论是国家富强、民族振兴，还是个人的幸福人生，只有通过辛勤劳动才能够实现。进入新时代，夺取中国特色社会主义的伟大胜利，实现中国梦，任重而道远，需要我们焕发主人翁精神，以高度的责任感、事业心和使命感，辛勤劳动、不怕苦累，干一行爱一行，爱一行专一行，把远大的理想抱负和岗位职责融入励志图强、奉献人民的实际行动之中。

1. 从小事做起，脚踏实地

劳动精神的践行首先应该从小事做起。对于职场中的劳动者来说，劳动精神的践行更多体现在事无巨细的日常工作中。这些工作一般都是平凡得不能再平凡的"小事"。但是，就是因为有些劳动者把这些"小事"做成了"大事"，在平凡的岗位上作出了不平凡的成就，才成为工匠、劳动模范等优秀的劳动者。古人云，天下大事必作于细。意思是说，凡事只有从小事做起、从眼前的事做起，坚持到底，才能把小事做"大"。坚持不懈地做好每一件小事，考量的是一个人的耐心和品质。从小事做起，就需要从细微处着手，把小事做到位，才能及时、有效地完成劳动任务。一件件小事很不起眼，但把很多小事串联起来，就会变成一件大事。

2. 心中有梦想，仰望星空

劳动精神的践行还需要每个人心中有梦想。全国劳动模范贾拴成说："人只要心中有梦想，就会永远有动力、有激情；只要心中有梦，总会绽放光芒；只要有奋斗的远大目标，就会有使不完的力气，就会有更多的创新思维。"所以，心中有梦想会让一个人在劳动中有无穷的创造力。正如罗曼·罗兰所说，生命是一张弓，弓弦便是梦想。因为有了梦想，我们才能拥有奋斗的目标，并将这些目标凝结成希望的萌芽，在汗水与泪水的浇灌下，绽放成功之花。一个人若是没有梦想，心就没有了栖息的地方，就没有了归属感。2018年5月2日，习近平在北京大学师生座谈会上的重要讲话中强调,广大青年既是追梦者,也是圆梦人。追梦需要激情和理想,圆梦需要奋斗和奉献。2021年4月19日,习近平在清华大学考察时强调,当代中国青年是与新时代同向同行、共同前进的一代,生逢盛世,肩负重任。广大青年要爱国爱民,从党史学习中激发信仰、获得启发、汲取力量,不断坚定"四个自信",不断增强做中国人的志气、骨气、底气,树立为祖国为人民永久奋斗、赤诚奉献的坚定理想。要实学实干,脚踏实地、埋头苦干、孜孜不倦、如饥似渴,在攀登知识高峰中追求卓越,在肩负时代重任时行胜于言,在真刀真枪的实干中成就一番事业。

3. 勤于思考,善于思考

每一位劳动者不仅要从小事做起,亲身体验和参加各种劳动实践,还要心中有梦想,为劳动指明方向、提供动力,让平凡的劳动变得不平凡,更需要勤于思考,在劳动实践中产生创新思想和创新成果,充分体现劳动和劳动者的价值。劳动之所以能够创造一切,关键在于劳动者勤于思考、善于思考、积极思考、独立思考等。思考可以增长智慧,使各种知识和信息相互碰撞,将已有的知识进行转化,达到创新的目的。在苹果落地的一瞬间,正是生动的思考,使得牛顿发现了万有引力定律。正因为把思考作为人生的最大乐趣,爱迪生一生才有了近2000项发明创造,成为人类的骄傲。生活需要思考,学习需要思考,劳动更需要思考。对劳动的思考,可以培养人的劳动才能、塑造人的劳动品格、树立人的劳动价值观。

真正成功的劳动者不仅会思考,还会把思考与劳动实践结合起来,创造出一个又一个的劳动奇迹。

4. 热爱劳动,勇于实践

劳动精神的践行最终要体现在对劳动的热爱上。反过来讲,劳动者只有发自内心地热爱劳动,才会自觉践行、传播劳动精神。学校进行劳动教育的目的就是让学生养成热爱劳动的习惯。热爱劳动不仅是一种生活态度,而且是一种优秀品质。劳动是我们实现人生梦想的途径。只有真正热爱劳动的人,才会取得成就。实际上,学校通过劳动教育培养学生热爱劳动的习惯,就是为了将来他们在走向社会的时候,能由热爱劳动转变为热爱工作、热爱岗位、热爱事业、热爱社会、热爱国家等,从而在为企业、社会、国家作出贡献的同时,实现自己的人生价值。每一位劳动者只有从事劳动,热爱工作,才能更好地展示自己的才华,在劳动实践中收获快乐,并在某一劳动领域作出成绩。生命的价值在于他的劳动贡献,从本质上说,劳动是人的一种需要,能体现人自身的价值,使人得到快乐。

劳动实践

寻找劳动者的足迹——用微视频记录身边劳动者日常工作的一天

(一)任务概述

活动主题:组织一次对普通劳动者的采访活动,感悟普通劳动者的故事及其劳动意义。

活动内容:在生活中我们会遇到各种职业的劳动者,工人、农民、教师、厨师、外卖员、快递员、餐馆服务员、超市售货员、保洁人员、宿管人员、保安,等等。他们为我们提供各种各样我们所需要的劳动或服务。以小组(5~8人)为单位,组织一次对普通劳动者的采访活动,选择身边熟悉的普通劳动者作为采访对象,以微视频拍摄方式记录受访对象繁忙工作的一天。采访结束后拟定一篇新闻报道,然后全班同学集中讲述普通劳动者的故事及其劳动意义。

(二)任务实施步骤

第一,准备阶段。

(1)进行活动前的动员,开展有关"寻找劳动者的足迹"活动意义的教育。

(2)提前与劳动者取得联系,征得他们的同意。

(3)拟定对劳动者的访谈提纲。

(4)准备好视频拍摄所需器材等。

第二,实施阶段。

(1)组织团队:将全班学生按5~8人分成若干小组,并根据任务进行分工。

(2)确定采访拍摄对象:布置劳动探索任务,各小组自行确定采访对象,建立工作联系,并上报有关信息登记备案。

(3)确定主题并制定工作计划方案:各小组与受访对象商量确定访谈拍摄的时间和地点,确保采访顺利完成。

(4)拍摄剪辑微视频:视频力求简洁,字幕与旁白相结合,言简意赅,控制在8分钟以内。

第三,总结阶段。结合视频展示,讲述劳动者的故事,讨论劳动精神及其意义。

(三)任务实施过程提示

(1)采访拍摄前要征得受访者的同意,尤其涉及敏感内容和隐私时要坚守法律与道德底线。

(2)拍摄后要进行剪辑,将受访者所说的话打在字幕上,以免方言给观看带来不便。

(四)任务评价

(1)本次任务是否提前布置?   ①是____ ②否____
(2)本次活动策划是否规范、完整?   ①是____ ②否____
(3)劳动过程是否有活动记录?   ①有____ ②没有____
(4)本次活动有没有取得预期效果?   ①有____ ②没有____
(5)对活动作出评价,评分标准如下:

"寻找劳动者的足迹"活动评价标准

评价标准	分值	分数小计	教师评价
活动对象的选择符合标准	20分		
积极认真参加活动全过程	20分		
微视频制作真实	20分		
微视频内容感人	20分		
新闻报道真实可信	20分		

(五)任务小结

通过采访、跟拍受访者,以微视频展现劳动者繁忙的一天,讲述普通劳动者的故事,体会生活的艰辛与不易,学习广大劳动者身上所体现的劳动精神,领悟劳动的意义。

【学习反馈】

(1)学习本章内容后,我的心得体会:

(2)学习本章内容后,我还想了解的相关知识点:

(3)学习本章内容后,我对劳动精神的新认识:

第五章
工匠精神

学习目标

了解工匠精神的基本内涵，掌握工匠精神的价值与意义，帮助职业院校学生确立"劳动光荣""职业平等"的价值取向，引导学生树立"三百六十行，行行出状元"的择业观与人才观，培育学生的工匠精神，重拾职业院校学生的自信，鼓励学生在劳动中铸就新时代工匠。

> 劳动榜样

赵震：我拥有世界上最棒的工作[①]

秦始皇帝陵及兵马俑是中国第一批世界文化遗产，经历2000多年岁月洗礼，他们不仅是当时整个政治经济文化、社会变化发展的缩影，也是赳赳秦风的精神守护者。给兵马俑做"身份证"的秦始皇帝陵博物院文物摄影师赵震，为拍一张照片甚至要等一年……他说，"我拥有世界上最棒的工作"。

目前出土的1300尊兵马俑每尊都有自己的编号、考古编号、库藏编号以及状况介绍等，这些文物档案的总和，称为"文物总账"。赵震的日常工作是负责拍摄秦俑考古发掘和馆藏文物，拍摄的过程从前期了解资料开始，然后给每个俑拍正脸、侧脸，最后拍编号，一个俑最多要拍一百  多张照片，少则三四十张。拍摄23年，每天工作4～6个小时，一天下来要走几万步。拍摄时需要见缝插针，不停地站起来、蹲下、跪下，而且俑坑的温差比较大，一个夏天下来，可能会瘦十几斤。冬天冷，但他不能穿得太臃肿，会威胁到文物的安全。"平常每天都会有阳光洒进来，然而冬至前后，阳光最漂亮。"赵震说，而且冬至在秦朝是岁首，新年的开始，这一天拍特别有意义。当一缕温暖的阳光照射进俑坑，瞬间将灰色兵马俑世界点亮。神奇的光影效果，如同具有魔力，令人震撼。

在一次拍摄中，赵震猛然发现，照片中兵马俑的嘴唇边上，竟然有一个指纹！"那是2200年前，制作兵马俑工匠的指纹。当时我就傻在那儿了。

[①] 张楠：《为每个兵马俑拍下"证件照"，摄影师：我拥有世界上最棒的工作》，《扬子晚报》，2020年12月17日，有删改。

仿佛时间已经消失了,他刚刚离去,而我就踩在他还有温度的脚印上。我很想触摸那个指纹,但我不能"。讲述的时候,赵震哭了,观众也看哭了。"像我长期在这里工作,对兵马俑有感情,所以不能控制情绪,但网友说,他们也看哭了,我就觉得,这就是一种共鸣和共振。"

《国家宝藏》让赵震这样的文化"守陵人"走到台前,在赵震看来,"网友说,了解了这些历史文化,让自己'更爱我的国',这是整个社会的文化修养到了,我们开始关注自己,审视自身,从而获得文化认同感,这就是文化自信"。

赵震说,给兵马俑拍照,既是自己的日常工作,也是一个不断带来全新乐趣、令人享受的过程。"一进一号坑,那里就是我的世界了。那一刻对我来说特别神圣,兵马俑坑就是我的神殿,我的精神世界"。在他看来,"拍摄兵马俑的时候,当你和他站在一起,透过镜头看着他的眼睛的时候,你能感觉到他的呼吸。那一刻,站在你面前的就不是陶俑,而是祖先"。他说,"我的世界就是在这个博物馆里头,我能见到,我能想到的,都是兵马俑。还是那句话,我有这个世界上最棒的工作"。

一、工匠精神的内涵

> 言治骨角者,既切之而复磋之;治玉石者,既琢之而复磨之;治之已精,而益求其精也。
>
> ——(宋)朱熹

2020年11月24日,习近平总书记在全国劳动模范和先进工作者表彰大会上指出,我们培育形成了"执着专注、精益求精、一丝不苟、追求卓越的工匠精神",并向全社会发出大力弘扬工匠精神、厚植工匠文化的号召。工匠精神作为一种理念并非凭空出现,其产生和发展受到各种社会经济因素的影响。2016年,李克强总理在《政府工作报告》中提出"鼓励企业开展个性化定制、柔性化生产,培育精益求精的工匠精神,增品种、提品质、创品牌"。这是工匠精神首次被写进《政府工作报告》。那么,究竟什么是工匠精神呢?

(一)工匠精神的概念

工匠精神是一种职业精神,是职业道德、职业能力和职业品质的体现,是从业者的一种职业价值取向和行为表现,敬业、精益、专注、创新是工匠精神的基本内涵,同时,社会的发展也赋予工匠精神以特定的时代内涵。深刻把握工匠精神的内涵,有助于我们增强对工匠精神的理性认识。

1. "敬业、精益、专注、创新"是工匠精神的底色

工匠精神是一种心无旁骛、志如磐石、锲而不舍的技术追求,是一种敢于创新、精益求精、追求卓越的精神品格,敬业、精益、专注、创新是工匠精神的底色。

工匠精神首先就是敬业精神。敬业是从业者基于对职业的敬畏和热爱而产生的一种全身心投入的、尽职尽责的职业精神状态。敬业是中国人的传统美德,也是当今社会主义核心价值观的基本要求之一。中华民族历来有"敬业乐群""忠于职守"的传统,春秋时期,孔子就主张"执事敬""事思敬""修己以敬"。"执事敬",是指行事要严肃认真不怠慢;"事思敬",是指做事时要专心致志不懈怠;"修己以敬",是指加强自身修养,保持恭敬谦逊的态度。

精益就是精益求精,是从业者对每件产品、每道工序都凝神聚力、精益求精、追求极致的职业品质。老子说:"天下大事,必作于细。"《诗经》云:"如切如磋,如琢如磨。"宋代朱熹在《论语》集注(注解)中说:"言治骨角者,既切之而复磋之;治玉石者,既琢之而复磨之;治之已精,而益求其精也。"精益求精是一种"即使做一颗螺丝钉也要做到最好"的自我对工作的要求。

专注就是内心笃定而着眼于细节的耐心、执着、坚持的精神,这是一切大国工匠所必须具备的精神特质。"术业有专攻",一旦选定行业,就一门心思扎根下去,心无旁骛,在一个细分产品上不断积累优势,在各自领域成为"领头羊"。在中国早就有"艺痴者技必良"的说法,如《庄子》中记载的游刃有余的"庖丁解牛"、《核舟记》中记载的奇巧人王叔远等。

创新就是追求突破、追求革新,追求创新是工匠精神的核心。古往今来,热衷于创新和发明的工匠们一直是世界科技进步的重要推动力量。今天,技术竞争、人才竞争异常激烈,要想谋求更辉煌的成果,没有创新精神,只会让自己止于轻薄、肤浅和粗糙。如果说企业是国家的经济命脉所在,那么一个以科技创新、技术进步为主体的企业,就是民族振兴的动力源泉,是国家财富增加的源泉所在。

2. 新时代工匠精神的基本内涵

新时代工匠精神的基本内涵,主要体现在以下四个方面:爱岗敬业的职业精神、精益求精的品质精神、协作共进的团队精神和追求卓越的创新精神,其中,职业精神是根本,品质精神是核心,团队精神是要义,创新精神是灵魂。

一是爱岗敬业的职业精神。爱岗是敬业的基础,敬业是爱岗的升华。爱岗就是干一行爱一行,热爱本职工作,不见异思迁;敬业就是认真投入、尽职尽责。二是精益求精的品质精神,这是新时代工匠精神的基本内核。对于工匠来说,产品的品质只有更好,没有最好。三是协作共进的团队精神,协作就是团队成员分工合作,共进就是团队成员共同努力、共同进步。和传统工匠不同,新时代工匠尤其是产业工人的生产方式已不再是手工作坊,而是大机器生产,每个人所承担的工作,只是众多工序中的一小部分。比如"复兴号"列车,一列车厢就有三万七千多道工序,这三万七千多道工序,一个人是不可能完成的,必须由车间或班组亦即团队协作来完成。团队需要的是协作共进,而不是各自为政。四是追求卓越的创新精神,这是新时代工匠精神的灵魂。传统工匠精神强调的是继承,祖传父、父传子、子传孙,是传统工匠传承的主要方式,而新时代工匠精神强调的则是在继承基础上的创新。

(二)工匠精神的时代特征

工匠精神的时代特征,既包括作为手工业劳动者的工匠这个职业本身所应该具备的价值取向和追求的传统特征,也包含作为非手工业劳动者的工匠所应该追求的具有实践精神的现代特征。

1. 工匠精神的传统特征

曾经,工匠是与老百姓生活息息相关的职业,如木匠、铜匠、铁匠、石匠、篾匠等,各类手工匠人用他们精湛的技艺为传统生活图景定下底色。随着农耕时代的结束,社会进入后工业时代,一些与现代生活不相适应的老手艺、老工匠逐渐淡出人们的视野,但工匠精神永不过时。中国古代工匠精神的价值追求是达到善美境界,工匠精神主要体现在以下几方面。

一是"强力而行"的敬业奉献精神。不管是官匠还是民匠,总体而言,都具有吃苦耐劳、兢兢业业的美德。墨家被称为中国第一个工匠团体。墨子就特别注意职业道德行为的锻炼,主张"士虽有学,而行为本焉",要求学生"强力而行",加强意志锻炼,指出意志不仅是重要的道德品质,而且对知识才能有直接影响,他认为,"志不强者智不达",而意志要经过长期磨炼才能坚定,否则便会衰退;"雄而不修者,其后必惰"。

二是"切磋琢磨"的精益求精精神。不耻求师问学,勤奋学习技艺,既是一切工匠谋生的必备条件,也是工匠精神的基本要求。《诗经》中"如切如磋,如琢如磨"的佳句,形象地展示了工匠在对骨器、象牙、玉石进行切料、粗锉、细刻、磨光时所表现出的认真制作、一丝不苟精神。

三是"兴利除害"的爱国为民精神。这是古代工匠走出个人和家庭利益的小圈子,将目光投射于国家和人民利益而达到的道德境界。墨子以培养"必兴天下之利,除去天下之害"的"兼士"为教育目标,培养"兼士"和"兴利除害"是墨家作出道德行为、进行道德评价的根本尺度。

四是尊师重教的求学态度。古代的工匠们由于特殊的工作与学习方式,养成了尊师的美德,从"一日为师,终身为父"的俗语中可以感受到师道尊严。

五是超越创新的改造精神。工匠们有着严格的技术标准、审美标准,由于一定时期内工作的不可流动性,工匠们在世代相传的技艺中不断超越、创新,将传家立身之本领进一步发扬光大。

六是归于自然的哲学取向。工匠们的对象、灵感均来自自然,如鲁班发明锯子便是最好的例子,同时参照中国哲学追求人与自然统一的要求,工匠们在创作和行动中也实践着归于自然的做法。

2. 工匠精神的现代特征

除了延续传统工匠精神的特征,随着时代的发展,工匠精神的现代内涵所涉及的不仅仅是手工业者所应具备的价值取向,而且是每一个人对待工作所应具备的行为追求。主要包括以下几点。

一是在精神追求上,或静、或奔放、或雅,不为世俗所累,享受自得其乐的愉悦与满足;二是甘于每一个平凡的岗位,自己心中坚持着"将平凡的事做好就是不平凡"的信念;三是忠于自己的内心,将内心的想法付诸实践,而这是与将工作视为谋生手段有着显著区别的价值理念,真正做到了职业教育中的敬业、乐业。

时至今日,工匠精神的价值追求一直在延续,具体而言,它是从业人员尤其是工匠们对产品精雕细琢、精益求精的理念,是不断雕琢产品、改善工艺、享受产品升华的过程,其核心是对品质的要求,其目标是打造本行业的精品。所谓"工匠精神",其核心不仅仅是把工作当作赚钱的工具,而且是树立一种对工作执着、对所做的事情和生产的产品精益求精、精雕细琢的精神。对具有工匠精神的工匠来说,他们不是把工作看作一件差事,而是当成一项使命。

(三)工匠精神的当代价值

随着现代机器化大生产对传统手工业的取代,传统工匠逐渐从历史舞台上退出,于是便有人提出:工匠精神已经过时了。事实真的如此吗?显然不是。

1. 工匠精神是工业制造的灵魂

尽管传统的小作坊形式基本上被现代化的工业制造所取代,但是在人类历史中积淀下来的工匠精神和文化传统,却依旧贯穿于现代化的工业制造之中,甚至成为现代工业制造的灵魂所在。当今世界,工业强国的形成与他们对工匠精神的重视密切相关。

众所周知,德国、日本的制造业很发达。德国的产品以精密优良而著称于世界,产生了保时捷、奔驰、宝马、西门子、阿迪达斯等一大批世界知名品牌。德国人素以严谨细致的工作态度闻名于世,在许多德国人眼中,技术、工作本身的意义高于经济利益,他们甚至愿意为了追求精品而不计成本。当欧盟其他国家经济处于衰退中时,德国经济却能持续增长,应该归功于德国人这种追求卓越的工匠精神。日本制造业的强大也与工匠精神密切相关。日本的很多中小型企业数十年如一日只生产一种产品,专攻一门技艺,其产品也就日趋完美。

实践证明,名牌产品的创立、工业强国的形成在很大程度上来自于精益求精、追求完美与极致的工匠精神。将每一产品的每个细节尽可能做到极致,始终不渝地追求一种完美至善的理想状态,是优良制造形成的关键所在。

2. 工匠精神有助于工作主体自我价值的实现

现代机器化生产模式固然极大地提高了社会生产率,但是它对工作者自由的发展构成了威胁,以前那些具有一技之长兼具艺术气息的工匠被"肢解"成一个个只会进行简单操作的会说话的机器,工作者自身的价值因为自动化而被贬低。在这种生产方式中,普通工作者是被动的、消极的,其创造性是被压抑的。传统的工匠虽然也从事制作活动,但那并不是一项简单机械的、日复一日的重复性体力劳动,而是一个持续的创造过程,是不断对技艺、产品进行提升完善的过程,正是这种具有创造性特征的工匠精神造就了一批杰出人士。

工匠精神有助于工作者自我价值的实现。对工匠而言,产品是其自由意志的表达。工匠对工作过程具有完全的控制权,他们可以根据自己的理解、自己的意志自由构造产品。以工匠的态度做事,工作就不再是一件不得不做的痛苦事情,工作过程本身就是工匠生命活动的自主展开,工匠在工作过程中能够获得真正的满足感。另外,工匠精神也有助于促进同事间的情感交流,在工作中可以感受到人性的温暖。在师傅向学徒传授手艺的过程中,师徒朝夕相处,耳提面命,不仅传授了技艺,还教会了他们做人的道理,培育了他们坚韧、耐心、专注、精益求精的工匠精神。匠人的制作过程就是人与人之间情感交流和行为感染的过程,在这一过程中,建立起深厚的师徒情谊,这是现代化组织模式所无法替代的。同时,在传统社会中,产品与匠人是自然贴近的。对于匠人而言,产品在从构思到完成的整个过程中,都有自己劳动的痕迹,都渗透着绞尽脑汁的思虑。产品不仅是商品而且是艺术品,它的好坏对自己的声誉、道德品格等都有着重要影响。消费者通过触摸产品能够真切感受手工的痕迹,通过观看产品的机巧可以想象匠人的专注与坚守,每个产品都是独一无二的,展现着匠人的个性,精雕细琢展现的是人性的温暖。

3. 新时代呼唤工匠精神的回归

随着互联网技术在制造业、服务业等领域的广泛运用,世界工业格局面临重大调整,于是西方发达国家纷纷加强了对移动互联网、3D打印、云计算、大数据等高精尖产业的研究。德国首先提出"工业 4.0"计划,希望能够在未来社会保持工业强国的领先地位。中国政府也提出"中国制造 2025"战略计划,力争实现由工业大国到工业强国的转型。

工匠精神不仅涉及中国制造及其产品质量,而且是人们普遍的职业和工作伦理的集中体现。对待工作精益求精是社会主义核心价值观中"敬业"的要求,因此,在当前开展的践行社会主义核心价值观的活动中,应充分弘扬历史上传承至今的工匠精神,如果每位民族成员和单位工作者都能以精益求精的态度对待所从事的工作,那么实现中华民族伟大复兴的中国梦才会落到实处。

拓展阅读

关于"中国制造2025",总理的 9 个重要判断

"中国制造2025"提出通过"三步走"实现制造强国的战略目标:第一步,到 2025 年迈入制造强国行列;第二步,到 2035 年整体达到世界制造强国阵营中等水平;第三步,到新中国成立一百年时,综合实力进入世界制造强国前列。

二、工匠精神的传承

> 人生最大快乐,是自己的劳动得到了成果。农民劳动得了收获、工人劳动出了产品、医生劳动治好了病、教师劳动教好了学生,其他工作都是一样。
>
> ——谢觉哉

提到工匠精神,大家可能会想到德国、日本、瑞士等国。为什么提到工匠精神,大家首先想到的不是历史悠久的中国呢?难道工匠精神是"舶来品"吗?显然不是。中国曾经是世界上最大的原创国与匠人之国,中国工匠精神源远流长。

(一)中国历史上的工匠精神

在中华文化发展演进的历史长河中,工匠因其职业的特殊性形成了独具一格的精神特质,在推动人类文明发展方面作出了不可磨灭的贡献。中国历史上的工匠精神主要表现在以下三方面。

1. "尚巧"的创造精神

追求技艺之巧,对于传统工匠具有极其特别的意义。巧是"工匠"一词的基本内涵。《说文解字》曰:"'工',巧饰也。"在一定程度上,"巧"就是工匠的代名词,能称之为工匠的人一定是心灵手巧的人。"尚巧"是工匠最基本的职业要求,也是工匠努力追求的重要美德,同时还是形成优良器物的必要条件。

"巧"不只是一种简单模仿的手工操作技巧,它在本质上体现了创造性思维的特质。它要求人们敢于突破常规,别出心裁,不拘泥于传统。那些在中国历史上被称为"能工巧匠"的,不只是因为他们技艺熟练,更重要的原因在于他们身上所具有的创造性品质。鲁班因发明创造了曲尺、墨斗、刨子等器物而被后人尊奉为土木建筑的祖师爷,奚仲因为造车而闻名于世。工匠们的创造发明,极大地改善了人们的生活条件,他们也因而获得了民众的崇敬。

中华文明的发展与繁荣集中体现在能工巧匠创作的各种精致细腻的物品之上，比如青铜器、丝绸、刺绣、陶瓷等。中国历史上有许多著名的、令人叹为观止的工艺品，1972年湖南长沙马王堆一号汉墓出土的西汉时期的"素纱襌衣"是世界上现存年代最早、保存最完整、制作工艺最精、最轻薄的一件衣服，重量仅49克，不足一两，轻若烟雾，薄如蝉翼，在中国古代丝织史、服饰史和科技发展史上有着极为重要的地位。2002年，"素纱襌衣"被国家文物局列入《首批禁止出国(境)展览文物目录》。

2. "求精"的工作态度

追求技艺的精湛与产品的精致细密是传统工匠精神的第二大特点，中国传统文化和文学作品对此多有描述。《诗经》曰："如切如磋，如琢如磨。"这就是工匠在切割、打磨、雕刻玉石、象牙、骨器时仔细认真、反复琢磨的工作态度。儒家借鉴了这一精神，将其作为治学和修身的方法，《大学》曰："如切如磋者，道学也；如琢如磨者，自修也。"朱熹进一步提炼出它的核心特质，"言治骨角者，既切之而复磋

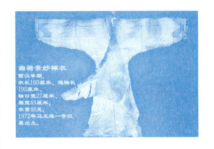

之；治玉石者，既琢之而复磨之；治之已精，而益求其精也"。由此，产生了"精益求精"一词。由于它在为学、修身、做事方面所发挥的积极作用，使得它获得了道德意义，从而成为工匠所追求的一种重要美德。这种精神集中体现在中国古人制造的器物上，它们以其精致细腻的工艺造型闻名于世。战国编钟极其精致，"圜者中规，方者中矩，立者中悬，衡者中水，直者如生焉，继者如附焉"；汉代素纱襌衣"薄如蝉翼""轻若烟雾"，既"巧"且"精"……至宋代，冶炼、建筑、织造、陶瓷、茶、酒等工艺技术已经达到相当高的水平，民间的许多传统手工艺制作，如剪纸、年画、雕刻、皮影、泥塑等也以精巧著称。这些产品的背后无不凝聚着中国工匠精益求精的精神。

3. "道技合一"的人生境界

"良田百顷，不如薄艺在身"。在中国传统社会中的底层人眼里，再多的财富

也有失去的时候，唯有掌握一门手艺才可以保证自己衣食无忧。正是出于这种朴素的认识，民众愿意学手艺，为了饭碗的牢固，还愿意将手艺练得越来越好，无形中便形成了工匠精神。但是，对技艺和作品精益求精的追求并不是那些高明工匠们的真正目的，娴熟的技巧对于他们而言，只不过是通往"道"的一种途径。他们希望通过手中的技艺领悟"道"的真谛，从而实现人生意义的超越。

中国历史上并不缺少"技近乎道"的故事。《庄子·养生主》中描述的庖丁解牛，一句"臣之所好者，道也，进乎技矣"表明了庖丁的"技进乎道"，强调只有经过反复实践掌握了事物的客观规律，做起事来才能得心应手。而在庄子笔下，"道技合一"者并不在少数，庖丁解牛、轮扁斫轮、佝偻承蜩、运斤成风、大马捶钩、津人操舟等，这些技艺已经到登峰造极、出神入化的地步，达"心合于道"的境界。

（二）传统工匠的现代转型

传统工匠的现代转型指的是在古代工匠向现代技术工人、工程师等技术理论家或企业家转变过程中的技术转型与角色转换。

1. 传统工匠的技术转型

技术是指解决问题的方法及方法原理，技术有人化的、物化的和知识的三种表现形态。所谓技术转型，是指技术的三种形态及其系统结构的转化。人化形态的技术转型表现为技术主体身份地位、生产生活方式与社会组织等的转变，是人们社会角色转换的主要内容；知识形态的技术转型是技术转型的核心内容，既表现为经验型技术上升到理论型技术的技术科学化过程，又表现为通过职业技术教育和人力资源开发而实现的科学技术化过程；物化形态的技术转型是科学技术化的过程，是技术转型的外在标志，主要表现为生产手段和生产工具的改变，在早期工业化过程中的突出表现是动力机器的发明和使用。这三种技术形态的转变是相辅相成的，但知识形态的技术转型起主导作用，因为它所带来的技术经济，是现代知识经济兴起的主要标志。传统工匠的技术转型既表现为工匠经验技术向科学理论技术的转化，又表现为在科学技术化过程中技术生成方式和技术操作方式的转变。

2. 传统工匠的角色转换

传统工匠的角色转换主要有以下几方面。

一是主体角色模式的转换。体现在传统工匠现代转型方面，也就是工匠知识结构与技术素质内涵的综合转换，说到底是传统工匠向现代技术工人、工程师等的主体角色模式转换。其中的关键内容是技术型工匠向专家学者型工匠的转变。这一转变是传统工匠角色转换的根本要素和核心标志。

二是传统工匠身份地位的转变。中国古代对手工业劳动者实行"匠籍"管理制度和农奴劳役制度，工匠有着较强的人身依附性和沉重的经济负担。"匠籍"制度的废除是传统工匠社会身份改变与政治地位提升的标志；工匠劳役制度的废除与雇佣关系的发展是传统工匠获得人身自由的标志；工匠依靠技术发家致富，成为行业企业家，是其经济地位提高的标志。

三是工匠角色评价与角色认同的转变。既包括工匠自我价值追求与角色评价的转变，也包括社会的角色认同与职业价值认识的转变。工匠因技术精湛而被选拔为管理人员者的人数空前增多，集中反映了工匠角色评价与角色认同的转变。

四是工匠生成方式与传承方式的转换。工匠生成方式的转换就是工匠养成方式或培养方式的转换，它是传统工匠角色转换的一个重要标志。传统工匠的生成方式主要有家传式和学徒式两种形式。现代技术工人与技术专家的生成方式是学校专门培养，主要采用学科教育与职业技术教育等形式。传统工艺传承方式向现代学校培养方式转变，必须以产业技术科学理论化为前提，说明传统工匠的技术转型与角色转换彼此互动，互为前提条件。

五是传统工匠组织的角色转换，即封建行会组织向近现代工会组织职能的转换。行会制在维护工匠与作坊主行业利益的同时，也阻碍了传统工匠的现代转型，特别到早期工业化向工业现代化过渡时期，行会成为工匠身份转化的绊脚石，统治者与行会勾结在一起，共同压制工匠的反抗斗争。在工匠们的斗争下，传统行会被现代工会所取代。

（三）中国古代工匠精神的价值传承

中国古代的技术文明非常发达，《考工记》《氾胜之书》《齐民要术》等书都有记载。有关中国古代技术文明及其创造古代技术文明辉煌的工匠精神的哲学思考，对于重塑和弘扬工匠精神有着重要的借鉴意义。

1. 善美境界：古代工匠精神的价值追求

所谓善美境界，是指由于物质生产、科技文明的相对不发达而出现的以美为善所统摄的文明状态。中国古代工匠精神的善美境界可以归结为两点：一是真善美的原始统一；二是美以善为准绳。前者是古代技术文明的背景，后者是中国古代工匠精神的灵魂及古代职业教育的精神主题。

首先，真善美的原始统一。在原始文化中，从粗糙、不规则的打制石器过渡到光滑、匀称的磨制石器，从"食草木之实、鸟兽之肉，饮其血，茹其毛"到"刀耕火种"的农业方式，从"未有麻丝，衣其羽皮"到"嫘祖始教民育蚕，治丝茧以供衣服"等，都体现了原始人类真善美完整、朴素的统一及进化。在原始社会进入氏族公社以后，往往是掌握生产技术的人被推举为部落首领，同时，这些人又以德为先，品德高尚，功勋卓著。原始文化中的"崇德尚贤"便成为中国工匠精神伦理走向的源泉。

其次，"善"是古代工匠精神的价值追求。中国传统文化的基本精神是教人做人，"道德"二字正是其特殊精神之所在，"善"则囊括了"道德"的内涵：与人为善、止于至善、为善最乐、众善奉行的"善"被看成最高德行和最后原则。中国传统文化对中华民族的民族心理产生着深刻影响，它给中华民族打上了特殊的文化烙印，直接映射到中国教育的思想发展中。作为中国古代社会的无权阶级，中国工匠在"训育"过程中一直信奉和追随着这一精神主题。

2. "德艺兼求"：中国古代工匠精神的价值表征

对技艺和作品精益求精的追求并不是那些高明工匠们的真正目的。娴熟的技巧只不过是他们通往"道"的一种途径。对于他们来说，技艺之外的自身内在品德修养同样重要。先秦典籍《左传·文公七年》记载,"六府、三事,谓之九功。水、火、金、木、土、谷,谓之六府。正德、利用、厚生,谓之三事。义而行之,谓之德、礼"。"正德、利用、厚生"三事阐述了工匠精神的内涵并规约着古代职业教育过程的教育原则。"正德"居于统帅地位,要求工匠必须服从仁政德治的需要,规定了明确的政治方向;"利用"是指掌握创造物质财富的生产活动;"厚生"则指工匠的劳动要服务于治国和惠民。"以德为先""德艺兼求"与"经世致用"三者统一不可分。由此而产生的吃苦耐劳、敬业奉献、精益求精等精神对劳动生产十分重要,所以,"德""艺"是工匠精神的重要特征。

3."心传体知":中国古代工匠精神的价值实现

中国古代的教育由来已久,并且随着各个历史时期经济发展水平、社会发展要求的不同,产生了形式多样、途径各异的教育样式。但无论是作为官方职业教育的设官教民、职官科技教育、艺徒教育、职业专门学校,还是作为非官方职业教育的家传世学、私人授徒等职业教育,那种在劳动和工作实践中进行的"工匠式"教育都是培养学生的主要途径。

一是教学靠"心传身授"。"心传"是一种内在的精神熏陶和无形的心理传递,没有固定的范本和模式。施教与受教双方的传授和领悟,完全凭悟性和经验行事。徒弟从小受师傅的技术熏陶,一旦心领神会,便可"不肃而成""不劳而能",并能在生产制作过程中,不断创造新的技法、样式和风格,使得技艺在传承过程中不断被赋予新的生命。

二是学习靠"体知躬行"。中国"体知"的内涵非常丰富,相关概念诸如"体察""体验""体会""体味"等,主张通过人的主观体验,领悟道之所在。在古代职业教育中,师徒关系一旦确立,就类似于父子关系,所谓"一日为师,终身为父"就是源自艺徒制度。在学艺过程中,"尊师"是至高无上的道德准绳,这种情感效应对知识技能的授受起着积极作用。师傅不仅有责任向徒弟传授技术,而且像父母教育子女一样,有责任让徒弟学会做人,能够自立。当然,这一教育过程实际上也存在剥削,但是将做人寓于做事的学习过程中是值得借鉴的。

三、工匠精神的践行

> 劳动使一个人的道德变得高尚，使他习惯于小心地对待劳动的工具、器械和产品，重视书籍及其他精神文化和物质文化的物品，尊重任何一种职业的劳动者，仇视那些寄生虫和剥削者、二流子、怯懦者和懒汉。
> ——[苏联]凯洛夫

长期以来，受儒家"万般皆下品，惟有读书高"思想的影响，许多人认为只有"读圣贤书"才是正途，当工匠是不能出人头地的；即使在现在，不少人依然认为职业教育难登大雅之堂，甚至把一些职业院校的学生看成"失败者"，一些家长也不愿意把孩子送到职业院校。受这种价值观的影响，职业院校的学生往往得不到应有的理解与尊重。当务之急，就是要重塑工匠精神，重拾职业院校学生的自信。

（一）弘扬"劳动光荣""职业平等"的价值观

工匠精神不仅是对工匠提出的素质要求和殷切希望，也是社会对"职业有分工不同，却无高低贵贱之别"的深刻认识与反思，更是多元文化下个性化消费的内在要求。

1. 弘扬"劳动光荣"的价值取向

"劳动最光荣、劳动最崇高、劳动最伟大、劳动最美丽"是以习近平同志为核心的党中央在新的历史条件下对劳动作出的价值选择，是对当今社会价值需求的时代回应，体现了新时代发展的内在要求。劳动是人的本质力量的体现，工匠精神必须是建立在尊重劳动、尊重各行各业工作之上的。每个劳动者的人格都是平等的，每个个体都是独特的，都是值得尊重的。

为什么劳动最光荣、劳动最崇高、劳动最伟大、劳动最美丽？因为劳动是推动人类社会进步的根本力量。劳动创造了人，劳动创造了历史，劳动创造了世界，劳动创造了财富。劳动不仅是为自己劳动，而且是为社会劳动。今天，劳动已不仅仅是人们谋生的手段，它还能创造生活，创造幸福，创造未来。劳动者是幸福的，幸福是奋斗出来的，奋斗的人生才是幸福的人生。

2. 弘扬"职业平等"的就业观念

从本质上说，职业无高低贵贱之分，只是社会分工不同，所以我们不应该歧视任何职业。每一种职业、每一份工作，都是值得尊重的；无论职位高低，每一个人都是平等的。只要我们努力认真并能出色地完成自己的工作，就是值得自豪的。如果没有环卫工人的辛勤劳动，就没有整洁文明的城市环境；如果没有各种服务人员的服务，我们就难以享受生活的便利。我们应平等地对待每一份职业，尊重每一位劳动者。同时，我们还要能够"干一行爱一行"，要坚信"三百六十行，行行出状元"。"干一行，爱一行"是爱岗敬业的最好体现。对待任何职业，我们都应该兢兢业业、一丝不苟，这是一种良好的人生态度，更是一种职业操守。有了"干一行，爱一行"的观念，即使在平凡的工作岗位上，我们也能绽放自己的光彩。无论什么工作，只要用心去做，就一定能从中收获乐趣。具有工匠精神，即便是在普通的岗位，也能干得有声有色。

（二）培育新时代工匠精神

新时代呼唤新的工匠精神。当代大学生作为中华民族伟大复兴进程的见证者和参与者，须要传承和培育工匠精神，培养对所学专业的认同感。

1. 培育新时代中国工人阶级的先进精神

我国的工人阶级代表先进的生产力，同时又具有很高的政治觉悟，工人阶级塑造和体现的工匠精神被赋予了新的时代内涵。

首先，工匠精神中蕴含着工人阶级的主人翁精神。国家的一切权力属于人民，人民是国家的主人；工人阶级是领导阶级，发挥工人阶级的主人翁精神始终是我们党和国家的重要要求。工人阶级所具有的天然的主人翁精神充实于工匠精神之中。其次，工匠精神是与现代科学技术紧密联系在一起的，是先进生产力的代表，与古代劳动者主要靠吃苦耐劳、心灵手敏不同，现代工人是掌握先进科学技术的劳动者，他们相信科技是第一生产力，他们自己也是科技生产的先锋，他们努力学习最新的科学理论,掌握并运用科学技术,将最先进的科学素养融入工匠精神之中,使工匠精神有了新的时代特征。再次,工匠精神与工人党员的先锋模范作用联系在一起。共产党是工人阶级的先锋队,吸纳了无数的先进工人。这些作为中共党员的先进工人,许多都是为我国工业建设作出贡献的大国工匠,他们以自身的先进事迹弘扬了工匠精神,并将自身优秀的品格融入工匠精神之中,丰富了工匠精神的内涵。

2. 培育新时代中国工匠的奋斗精神

无奋斗,不青春。今天,工匠是为中国特色社会主义新时代而工作,奋斗精神已成为工匠精神的内核,工匠精神在中国特色社会主义新时代的建设中得到了充分展现,发挥了重要作用。

在物质生产领域,奋斗所释放的巨大力量推动了生产力的发展,促进了物质财富的创造。从中华人民共和国成立初期南京长江大桥的建造、火箭军工的研发,到改革开放时期航天工程的建设、青藏铁路的铺设、高铁的研制运营,再到新时代港珠澳大桥的建成,超级计算机、蛟龙潜艇、量子卫星、月球探测"嫦娥"工程、载人空间站"天宫"、长江三峡水利枢纽工程、量子计算原型机"九章"等国之重器的横空出世,这些伟大成就都凝聚着大国工匠们的辛勤汗水,彰显着工匠精神的巨大力量。而事实上,大国重器、超级工程的诞生,离不开工匠们的接续奋斗和实干。新时代弘扬工匠精神,不仅要继承传统,学习古人的勤劳和智慧,还要在产业转型升级中发挥应有的作用。习近平总书记强调"社会主义是干出来的,新时代是奋斗出来的"。在新的历史方位,中国经济高质量发展呼唤工匠精神,在中国特色社会主义新时代背景下,不断奋斗,增强创新驱动力,才能在高起点上实现更高质量、可持续的发展;只有不懈奋斗,才能不断满足人民对美好生活的向往。

3. 培育新时代中国工匠的爱国主义精神

2020年11月24日,习近平在全国劳动模范和先进工作者表彰大会上说:"在长期实践中,我们培育形成了爱岗敬业、争创一流、艰苦奋斗、勇于创新、淡泊名利、甘于奉献的劳模精神,崇尚劳动、热爱劳动、辛勤劳动、诚实劳动的劳动精神,执着专注、精益求精、一丝不苟、追求卓越的工匠精神。劳模精神、劳动精神、工匠精神是以爱国主义为核心的民族精神和以改革创新为核心的时代精神的生动体现,是鼓舞全党全国各族人民风雨无阻、勇敢前进的强大精神动力。"纵观大国工匠的事迹,南仁东、胡胜、周皓等人身上无不体现了深深的爱国主义精神。爱国主义是中华民族优良传统和民族精神的核心内容,是我们屹立于世界民族之林的动力源泉,是中华民族最为深厚的历史情感,是凝聚和鼓舞各族人民团结奋斗的一面旗帜。伴随改革开放的不断深入以及职业院校学生就业的更加灵活、多样化,大学生的人生观和价值观发生了明显的变化,在决战全面建成小康社会、实施"中国制造2025"的新形势下,加强对大学生的爱国主义教育,将他们培养成具有工匠精神的现代劳动者有着重要意义。

（三）在劳动中铸就新时代工匠

空谈误国,实干兴邦,重塑工匠精神绝不只是一句口号。我们必须不断探索和践行工匠精神的时代价值,在实现中华民族伟大复兴中国梦的征程中,协同千千万万的能工巧匠厚植"如切如磋、如琢如磨"的工匠精神土壤,在劳动中塑造新时代劳动者,在劳动中铸就新时代工匠。

1. 做个幸福快乐的劳动者

工匠精神落在个人层面,就是一种认真精神、敬业精神,它蕴藏在工作和劳动中。培育工匠精神的核心就是不要把工作仅仅当作养家糊口的谋生手段和工具,而是要树立对职业敬畏、对工作执着、对产品负责的态度,敬业、爱业、乐业。不管将来我们从事什么职业,都应该以一种积极乐观的态度对待自己的工作,做一个幸福快乐的劳动者。

2013年4月,习近平在同全国劳动模范代表座谈时指出,"必须坚持崇尚劳动、造福劳动者。劳动是财富的源泉,也是幸福的源泉。人世间的美好梦想,只有通过诚实劳动才能实现;发展中的各种难题,只有通过诚实劳动才能破解;生命里的一切辉煌,只有通过诚实劳动才能铸就"。在2018年新年致辞中,习近平强调

"幸福都是奋斗出来的"。习近平还指出,"人民创造历史,劳动开创未来","劳动创造了中华民族,造就了中华民族的辉煌历史,也必将创造出中华民族的光明未来"。当代大学生只有不断提升自身素质、积累才干,才能更好地报效祖国、服务人民。今天,我国已进入发展新阶段,无论是坚持创新驱动发展、激发人才创新活力,还是形成强大的国内市场、畅通国内大循环,归根结底都要靠劳动去实现。

2. 在平凡的岗位上创造不平凡的业绩

工匠精神不仅是一种工作态度,还是一种人生态度,是一个时代的精神气质。坚定、踏实、严谨、专注、坚持、敬业、精益求精……如果人人都能在内心沉淀这样的品质,有干一行爱一行、爱一行钻一行的韧劲,有对工作只管付出不求回报的奉献精神,就一定能在平凡的岗位上书写不平凡的人生。

习近平总书记说:"平凡铸就伟大,英雄来自人民。"无数普通人在平凡的岗位上创造不平凡的业绩,展现了精益求精的敬业风气,树立了劳动光荣的社会风尚,彰显了以爱国主义为核心的民族精神和以改革创新为核心的时代精神。敬业乐群、敢于创新、专注执着、精益求精,是对工匠精神内涵的诠释。只有发扬工匠精神,才能在平凡的岗位上创造不平凡的成就,才能在激烈的市场竞争中崭露锋芒。当今世界已进入"百年未有之大变局",中华民族已踏上实现伟大复兴梦的征途。一代人有一代人的使命与担当。当代大学生肩负着实现中华民族伟大复兴的历史使命,更应该在校时就磨心志、锻技术,将来用劳动去创造未来,在各自平凡的岗位上创造不平凡的业绩。

如今,"十四五"的壮阔蓝图等待我们去描绘,"两个一百年"的奋斗目标等待我们去答卷。中国的未来属于青年,民族的未来也属于青年。青年有行动力,国家才有活力。实现中国梦任重而道远,需要锲而不舍、驰而不息的工匠精神。行百里者半九十,道路不可能一帆风顺,但是,只要我们有工匠精神的定力,全体中华儿女勠力同心、不懈追求,就一定能实现中华民族的伟大复兴!

> 劳动实践

"工匠精神在我家"假期社会劳动

(一)任务概述

活动主题：体会工匠生活、了解工匠精神、感受亲情。

活动内容：选择一个工匠家庭或其他社会角色，学做一件家务活，为父母减轻一分辛劳，做快乐的、有责任的家庭成员或其他角色，担任并体验更换角色"工作"一周。如跟随父母或其他家人，体验他们在单位所做的工作或一起做力所能及的事，也可以是一起工作，或记账、炒菜、招待家人，或记录家庭一年的收入和支出，包括你个人的收支。本次实践活动以个体实践为主，开展工匠精神的领悟、亲情教育、礼仪教育活动。有能力的学生可以将服务实践活动延伸到所居住的社区、街道或村，进行志愿服务活动。

(二)任务实施步骤

本次实践活动分三个阶段进行。

(1)准备和动员阶段。老师(最好是学院层面)从整体上对本次活动进行布置和安排，积极动员广大学生投身于本次实践活动。同时，对学生进行社会实践活动意义的宣传教育。强调本次活动是进一步改进和加强大学生思想政治工作、培育大学生工匠精神、服务和引导大学生健康成才的重要途径。

(2)具体实施阶段。学生按照要求，积极争取家庭成员或社会的支持，开展劳动实践活动，力求务实创新，出成果出效益，同时加强对本次活动的宣传和报道，展现活动中学生所表现的奋发进取的时代风采和文明奉献的精神风貌。重点突出特色活动及实际效果、社会反响和学生的心得体会等。同时要加强安全教育，严防各种意外事故的发生。

(3)考核总结阶段。根据实践效果，由指导老师评定成绩，并将其纳入劳动考核成绩。同时，将优秀的劳动实践心得和劳动实践照片报学院相关部门，并对本次劳动实践活动中涌现出的优秀个人和优秀成果进行表彰。

(三)任务实施过程提示

(1)在本次劳动探索中,要特别注意履行劳动实践纪律,实践中要自觉遵守国家法律、法规。

(2)要讲文明、懂礼貌,展现当代大学生应有的素质和形象。

(3)要注意安全,严禁到危险场所活动。

(四)任务评价

(1)本次任务是否提前布置? ①是____ ②否____
(2)本次活动策划是否规范、完整? ①是____ ②否____
(3)劳动过程是否有活动记录? ①有____ ②没有____
(4)学习心得是否为学生原创? ①是____ ②否____
(5)本次活动有没有取得预期效果? ①有____ ②没有____
(6)对活动作出评价,评分标准如下:

"'工匠精神在我家'假期社会劳动"活动评价

评价标准	分值	分数小计	教师评价
活动对象的选择符合标准	20分		
参加活动全过程	20分		
活动期间积极认真	20分		
个人心得体会体现真情实感	20分		
班级交流	20分		

(五)任务小结

本次劳动探索的目的是了解工匠的劳动与辛苦,感同身受,懂得感恩父母,回报家庭,回馈家乡,营造和谐温馨的家庭环境,提高自己的独立生活能力,让自己的假期生活丰富多彩,以进一步提高思想道德水平和服务水平。

【学习反馈】

(1)学习本章内容后,我的心得体会:

(2)学习本章内容后,我还想了解的相关知识点:

(2)学习本章内容后,我对工匠精神的新认识:

第六章
劳模精神

学习目标

理解劳模精神的科学内涵，引导学生弘扬、传承、践行"爱岗敬业、争创一流，艰苦奋斗、勇于创新，淡泊名利、甘于奉献"的劳模精神，在拼搏奋斗中开创美好未来，为全面建设社会主义现代化国家、实现中华民族伟大复兴的中国梦贡献智慧和力量。

> 劳动榜样

全国劳模夏力：劳动最光荣，风雨无阻摆渡人[①]

夏力是合肥公交集团 B3 路线驾驶员、线长、金牌驾驶员，他热爱公交事业，模范遵守集团公司安全、服务、营运规定，认真履行驾驶员岗位职责，勤勤恳恳、任劳任怨，十几年来安全行车 60 余万公里，未发生一起有责服务投诉和安全事故，做到了"服务无投诉、安全无事故"，在平凡的岗位上作出了不平凡的业绩，书写了人生的精彩篇章。

千重要万重要，安全行车最重要。作为公交驾驶员，夏力始终牢记"服务为本、乘客至上"的理念，秉承"服务乘客、奉献社会"的企业宗旨，用心开好每趟车，成为线路"标杆"；他热情服务，有问必答，有难必帮，始终保持心平气和、不急不躁的良好心态，时刻紧绷安全行车这根弦，牢记遵章守纪，杜绝行车违章，避免责任性投诉和服务纠纷。

B3 路是横贯市中心的大线路，日均客运量 4 万多人次。为让乘客乘车时感到放心舒适，营运途中，他细心关注路面状况，中速行驶，低速进站，平稳开关门。为了给乘客营造一个安全、舒适、整洁的乘车环境，他坚持每天提前到岗，仔细检查车辆技术状况，打扫好车辆卫生，让乘客乘车有进"家"的感觉。高温季节，他提前清洗车载空调滤网，确保车厢气温舒适宜人。他还自掏腰包购置了空气清新剂、清凉油、风油精、人丹和晕车药，放在便民袋里，以备乘客不时之需。BRT3 号线老年乘客多，老年人上下车比较缓慢，夏力不急不催，遇到行动不便的老年人，总是多问一句，多搀扶一把，并积极引导车内乘客为老年人让座，等老人坐稳扶好后再慢慢起步开车。起步缓，行车平稳，到站后轻踩刹车，减少颠簸，杜绝急刹，夏力一心一意为乘客提供五星级服务。

他在用心服务乘客的同时，积极投身于公益服务。多年来，夏力将自己大部分的业余时间都奉献给了公益事业。说起 2010 年成立的"力哥志愿服务队"，很多市民并不陌生，他们的身影经常出现在需要进行交通疏导的街头、社区养老院，活跃在特殊儿童群体关爱活动现场……如今，"力哥志愿服务队"成员已达百余人，遍布整个公交集团，覆盖各个年龄段的职工。

---

① 根据合肥市人民政府网《全国劳动模范夏力：十米车厢内，用"五星"温暖每一位乘客》、合肥公交网《弘扬劳模精神　激发奋进力量——合肥公交集团全国劳动模范夏力先进事迹报告会拉开帷幕》等改编。

2020年春节,新型冠状病毒肺炎疫情席卷全国。在这场特殊的战斗中,夏力坚守岗位,白天上班,晚上组织志愿者对公交车进行集中消毒,一直奋战在抗击疫情的第一线……

夏力不忘初心,立足岗位、无私奉献,连续多年被评为"金牌驾驶员",先后获得多项殊荣。2020年11月24日,夏力被授予"全国劳动模范"荣誉称号。线路有终点,服务无止境,夏力以"千磨万击还坚劲"的意志、"世上无难事,只怕有心人"的定力和"哪里需要哪里搬"的"砖头精神"发出自己的光和热,以朴实朴素的行动践行着劳模精神。

一、劳模精神的内涵

> 劳动模范是劳动群众的杰出代表,是最美的劳动者。劳动模范身上体现的"爱岗敬业、争创一流,艰苦奋斗、勇于创新,淡泊名利、甘于奉献"的劳模精神,是伟大时代精神的生动体现。
>
> ——习近平

在社会主义革命、建设、改革的伟大事业中,我国工人阶级和广大劳动者在劳模精神的引领和鼓舞下用勤劳和汗水、智慧和创造谱写了气壮山河的壮丽篇章。新时代,重温劳模精神的基本内涵,大力弘扬劳模精神,是鼓舞全党全国各族人民风雨无阻、勇敢前进的强大精神动力。

(一)劳模与劳模精神

1. 劳模

(1)什么是劳模?劳模即劳动模范的简称。劳动模范是亿万劳动者的杰出代表,集中体现了工人阶级和广大劳动群众的优良品质。习近平指出,"劳动模范是民族的精英、人民的楷模,是共和国的功臣"。

劳动模范是时代的引领者,在工作、生活中发挥了先锋和排头兵作用,他们以辛勤劳动、诚实劳动和创造性劳动持续推动社会进步、国家发展和民族复兴。70多年来,在党的领导下,我国工人阶级和广大劳动群众与祖国同成长、与时代齐奋进,奏响了"咱们工人有力量"的主旋律,各条战线英雄辈出、群星灿烂。特别是进入新时代以来,我国工人阶级和广大劳动群众在实现中国梦的伟大进程中拼搏奋斗、争创一流、勇攀高峰,为决胜全面建成小康社会、决战脱贫攻坚发挥了主力军作用,用智慧和汗水营造了劳动光荣、知识崇高、人才宝贵、创造伟大的社会风尚,谱写了"中国梦·劳动美"的新篇章。

(2)劳模的评选与表彰。为讲好劳模故事、讲好劳动故事、讲好工匠故事,弘扬劳动最光荣、劳动最崇高、劳动最伟大、劳动最美丽的社会风尚,党和国家高度重视劳动模范评选与表彰活动,1950年至今先后召开16次表彰大会,表彰全国劳动模范和先进工作者超3万人次。劳模评选是一项极其复杂严肃的工作。"爱岗敬业、争创一流,艰苦奋斗、勇于创新,淡泊名利、甘于奉献"是劳模精神,也是成为劳模的必备条件。劳模的评选标准随着时代的发展不断丰富,最初评选的劳模绝大多数来自生产一线的体力劳动者与职工,随后突破了单纯生产的范畴,涵盖了交通运输、基本建设、财贸、教育、文化、卫生、体育、新闻等行业。再后来,专职技术人员、知识型工人和优秀企业家也进入了劳模行列。

如今,我国经济已进入高质量发展阶段,需要更多知识型、技能型、创新型劳动者,只要有想法、肯干事、敢创新,任何人都有机会成为劳模。2020年11月24日,1689名全国劳动模范和804名全国先进工作者在人民大会堂受到表彰,代表全体劳动者接受党和国家的最高礼赞。本次入选人员基本涵盖各个领域和行业,尤其是来自基层一线的人员占比较高,与此同时,还针对当年疫情特殊情况,选树了一批抗疫先进典型,礼赞他们逆行出征、无私无畏的崇高品质。

2. 劳模精神的基本内涵

在2020年11月24日举行的全国劳动模范和先进工作者表彰大会上,习近平总书记精辟概括了劳模精神的深刻内涵,即"爱岗敬业、争创一流,艰苦奋斗、勇于创新,淡泊名利、甘于奉献",24个字精准概括了劳模精神的丰富内涵,道出了劳动模范能在广大劳动者群体中脱颖而出的根本原因,为新时代广大劳动者群体提出了奋斗的目标和方向。

(1)爱岗敬业、争创一流。其体现的是劳动模范的本色和追求,是劳模精神的本质特征。爱岗敬业、争创一流,是指以一种尊重恭敬的态度来对待自己的岗位、热爱自己的工作,做到干一行爱一行,通过自身努力去争取更优异的业绩。

干一行,就要爱一行,尽职尽责。三百六十行,行行出状元。工作岗位没有高低贵贱之分,只有贡献大小之别。从淘粪工人时传祥、公交车售票员李素丽,到水电工人徐虎、邮递员王顺友……无数个从平凡岗位上走出来的劳动模范,传递着鲜明的价值导向:劳动者只有立足岗位和本职工作,兢兢业业、精益求精,才会在为社会和国家作出贡献的同时,实现自己的人生价值,受到社会的广泛认可。

干一行,还要专一行,争创一流。早期的劳动模范产生于劳动竞赛,从一定意义上讲,劳动模范是"比"出来的。曾创造多项世界纪录的金牌工人许振超说过:"咱当不了科学家,但可以练就一身'绝活儿',做个能工巧匠。"2003年,53岁的许振超和队友们用6小时27分钟卸完3400个集装箱的速度,创造了单船效率339自然箱的新世界纪录,在全社会掀起"振超效率"的旋风。

(2)艰苦奋斗、勇于创新。其体现的是劳动模范的作风与品质,是劳模精神的核心要素。艰苦奋斗、勇于创新是指在工作中能够克服艰难困苦,坚持不懈为达到一定目标而努力,通过思维、知识、技术等的创新,敢为人先、突破常规,创造新的生产条件、方式和成果。

艰苦奋斗不仅是劳模精神的重要内容,而且是中华民族的优良传统。"一勤天下无难事",历年来的劳动模范身上有一个共同点,那就是艰苦奋斗、苦干实干。奋斗,让只有初中文化的中铁一局电务公司电力高级技师窦铁成站在了技术最前沿,成为高级技师和知识型工人。从1999年起,那时已43岁的他从辨认一个个字母开始,练打字,钻研CAD制图软件,写了近200万字的学习笔记,记满了90多本工作笔记,先后解决技术难题69项,并发明创造多项专利。

创新,正是劳模精神不断发展、与时俱进的时代内涵。习近平明确指出,"要增强创新意识、培养创新思维,展示锐意创新的勇气、敢为人先的锐气、蓬勃向上的朝气"。在近年来评选出的劳模中,高级技工、科研精兵的比重不断增加,知识型、创新型劳动者不断涌现。

(3)淡泊名利、甘于奉献。其体现的是劳动模范的境界与修为,是劳模精神的价值要素。淡泊名利、甘于奉献是指心甘情愿、默默坚守、全身心地投入工作,不追求功名和私利,不计得失、不求回报。

各个年代的劳动模范都有一个可贵的品质:为了党和国家的事业以及人民的幸福生活,默默奉献汗水和智慧。"不为名、不为利,一心一意干社会主义",这是全国劳模尉凤英始终坚守的信条。1953—1965年,她实现技术革新177项,重大技术革新58项,所获奖金全部被她用来购买科研资料、建图书馆,一门心思搞革新。全国劳动模范、原山西省平顺县西沟村党总支副书记申纪兰几十年来从未停止过植树造林、绿化荒山的步伐。她带领村民坚持不懈植树播绿、修复生态,使昔日的荒山秃岭变成草木葱茏的森林公园。

(二)劳模精神的时代意蕴

作为一种文化精神,劳模精神不是一成不变的,而是实践的、创新的、鲜活的、生动的存在,是随着时代变迁和国家经济发展不断推进而演变的,劳模精神是时代精神的生动体现。

1. 劳模精神是对社会主义核心价值观的生动诠释

劳模精神充分展现了我国新时代工人阶级和劳动群众的高度自信,已成为社会主义核心价值体系的重要组成部分。劳模精神的重要元素和构成因子,像岗位意识、职业精神、进取精神、拼搏精神、创新精神、家国情怀和奉献精神等,是对社会主义核心价值观的生动诠释和现实呈现。可以说,劳模精神是社会主义核心价值观的具象化、人格化和现实化。一方面,劳模是遵循社会主义核心价值观的典范样本,是社会主义核心价值观的模范实践者、生动传播者和最有说服力的检验者。另一方面,劳模之所以能够生成劳模精神,成为全社会学习的典范,一个重要原因就在于他们主动自觉地遵循并践行了社会主义核心价值观。社会主义核心价值观要"接地气"、切实发挥作用,离不开社会生活中劳动模范的示范、引领,这种引领超越时空、超越地域、超越职业、超越年龄。因此,我们在新时代弘扬劳模精神,一定意义上就是在生产、生活中培育社会主义核心价值观。

2. 劳模精神是民族精神和时代精神的生动体现

一方面,劳模精神是民族精神核心要素的集中体现。劳模精神既体现了以爱国主义为核心的团结统一、爱好和平、勤劳勇敢、崇德尚礼、公而忘私的民族情怀,又体现了知行合一、自立自强的人生追求。另一方面,劳模精神是民族精神创新发展的重要推动力量。劳模精神始终与时俱进,创新、丰富了民族精神。一代又一代的劳模用自己的辛勤劳动、诚实劳动和创造性劳动,为民族精神注入新能量,不断丰富着民族精神的内涵。与此同时,劳模精神还是引领时代新风尚的精神高地,生动体现了时代精神的精神实质、主要特征和重要内容。一方面,劳模精神具有鲜明的时代特征,是时代精神的生动体现。另一方面,劳模精神推动了时代精神的发展,丰富了时代精神的内涵。在劳模的创造性实践和不断探索中,激发出蕴含自主性、首创性、先进性元素的劳模精神,呈现社会进步的发展方向。劳模精神不断为时代精神注入新能量,凸显并丰富时代精神的内涵。

3. 劳模精神与工匠精神相辅相成

劳模精神和工匠精神都是实现中华民族伟大复兴的支撑力量。一方面,我们要实现中华民族伟大复兴,就必须"坚持中国道路、弘扬中国精神、凝聚中国力量",而劳模是"坚持中国道路、弘扬中国精神、凝聚中国力量"的楷模。另一方面,我们要实现中华民族伟大复兴,就必须实现我国从制造大国向制造强国的华丽转身,这就需要大力弘扬和践行工匠精神。此外,劳模精神和工匠精神相得益彰,相辅相成。劳模精神当代品格的核心要素是工匠精神,从本质上讲,工匠精神是一种基于技能导向的职业精神,它源于劳动者对劳动对象品质的极致追求,具有精益求精、专注执着、严谨慎独、创新创造、爱岗敬业以及情感浸透、自我融入的基本内涵,既表现了极致之美的品质追求,又体现了敬业之美的精神原色,更展现了创造之美的价值升华。工匠精神是劳模精神的构成要素,也是劳模精神当代品格的核心体现。而工匠精神凸显了新时代劳模精神爱岗敬业、精益求精、追求卓越的精神品质和价值导向,可以说,工匠精神是对劳模精神的深化、丰富和发展。

(三)劳模精神的当代价值

劳模精神有着重要的时代价值。建设社会主义现代化强国,实现中华民族伟大复兴,必须依靠广大劳动者的辛勤劳动,必须依靠大力弘扬劳模精神。

1. 劳模精神昭示新时代劳动教育的价值取向

习近平总书记在全国教育大会上强调,"要在学生中弘扬劳动精神,教育引导学生崇尚劳动、尊重劳动,懂得劳动最光荣、劳动最崇高、劳动最伟大、劳动最美丽的道理,长大后能够辛勤劳动、诚实劳动、创造性劳动"。这既是对广大学生涵养深厚劳动情怀的谆谆嘱托,又是对未来劳动者用奋斗成就梦想的殷切期待,昭示着新时代劳动教育的价值取向。劳动模范是每个时代劳动精神的典型化身,是引导广大学生培育、践行社会主义核心价值观的宝贵财富和有效载体。应充分发挥劳动模范先进事迹和优秀品质的感召作用,让青年学生有机会近距离接触劳动模范、聆听劳模故事、感受劳模精神,在实践中体悟劳模精神,在磨炼意志和增长才干中感受劳动的乐趣和收获,从而培育辛勤劳动、诚实劳动、创造性劳动的精神品质。

2. 劳模精神引领新时代产业工人队伍建设

习近平强调,要推进产业工人队伍建设改革,落实产业工人思想引领、建功立业、素质提升、地位提高、队伍壮大等改革措施,造就一支有理想守信念、懂技术会创新、敢担当讲奉献的宏大产业工人队伍。推进产业工人队伍建设,是以习近平同志为核心的党中央着眼于巩固党的执政基础、实施制造强国战略、全面提高产业工人素质作出的重大决策部署。在抗击新冠肺炎疫情的战斗中,广大产业工人,尤其是大批劳动模范,积极参与到疫情防控的各条战线,以艰苦卓绝的劳动创造了中国速度,谱写了一曲曲抗疫赞歌,充分体现了产业工人在非常时期的非常担当,彰显了中国特色社会主义制度的优势。新时代,应充分发挥劳动模范、工匠人才的示范带动与价值引领作用,培养和造就更多的劳动模范、大国工匠,建设一支知识型、技能型、创新型劳动者大军。

3. 劳模精神助推中华民族实现伟大复兴

劳模精神是实现中华民族伟大复兴的精神动力。劳模精神、劳动精神、工匠精神是以爱国主义为核心的民族精神和以改革创新为核心的时代精神的生动体现,是鼓舞全党全国各族人民风雨无阻、勇敢前进的强大精神动力。2013 年 4 月 28 日,习近平在全国总工会机关同全国劳动模范代表座谈并讲话时强调,实现我们的奋斗目标,开创我们的美好未来,必须紧紧依靠人民、始终为了人民,必须依靠辛勤劳动、诚实劳动、创造性劳动。

实现中华民族伟大复兴的中国梦,是中华民族近代以来最伟大的梦想,这个梦想凝聚了几代中国人的夙愿。党的十八大以来,面对错综复杂的国际形势、艰巨繁重的国内改革发展稳定任务,党中央团结带领全党全国各族人民披荆斩棘,开拓创新,奋发有为,推进党和国家各项事业取得历史性成就。在这一伟大实践中,各行各业涌现出一大批爱岗敬业、勇于创新、敢于担当、无私奉献的先进模范人物,广大劳动模范和先进工作者珍惜荣誉、保持本色,大力弘扬劳模精神,在迈向中华民族伟大复兴的征程上,始终站在时代最前列。让我们紧密团结在党中央周围,大力弘扬劳模精神、劳动精神、工匠精神,同心同德、顽强拼搏,不畏险阻、勇毅笃行,为实现中华民族伟大复兴的中国梦而不懈奋斗。

二、劳模精神的传承

> 在我们党团结带领人民进行革命、建设、改革各个历史时期,劳动模范始终是我国工人阶级中一个闪光的群体,享有崇高声誉,备受人民尊敬。
> ——习近平

在长期的革命、建设和改革实践中,我们培育形成了劳模精神,劳模精神在坚守中传承、传承中发展、发展中创新。了解劳模精神的传承发展史,有助于大学生弘扬与传承劳模精神,树立劳动最光荣、劳动最崇高、劳动最伟大、劳动最美丽的价值观。

(一)新民主主义革命时期的劳模精神

新民主主义革命时期,社会生产力不发达,根据地人们的生活基本靠自给自足,这一时期的劳动模范将个人劳动与中国革命紧密相连,具有既是劳动者,又是革命战士的双重身份。他们不仅为革命事业奠定了物质基础,而且为之提供了强大的精神动力。

1. 土地革命时期的劳模精神

土地革命时期是劳动模范最早出现的时期。1932年3月,中共中央组织局发出《关于革命竞赛与模范队的问题》的通知,提出要"发动群众积极性,用组织模范队和革命竞赛的新方式……转变全部工作"。各级苏维埃政府纷纷响应号召,组织生产竞赛,并制定了竞赛评比标准和奖励章程。劳动竞赛以人民的基本劳动生产,如春耕、植树、垦荒和冬种等为内容;奖品也以农民所需的生产资料,如耕牛、农具、种子等为主,因竞赛形式贴近生活、奖品实用,广大劳动人民踊跃参与。1933年5月,毛主席出席了中央苏区政府召开的春耕生产赠旗大会,并代表临时中央政府将写有"春耕模范"的奖旗赠给武阳区和石水乡群众。1934年6月26日,《红色中华》刊发《我们是苏维埃的主人,我们是为自己的劳动》的消息,鼓励无产阶级发明创造,并给予赖祥瑞同志、罗吉昌同志以奖品和奖金奖励。中国的第一批劳模就此诞生,他们的精神深深影响着苏区的劳动人民,劳动者们斗志昂扬,以劳动能力强、生产效率高为荣,促进了劳模精神的萌发。

2. 抗日战争时期的劳模精神

抗战时期,为了克服因国民党严密封锁边区、停发八路军军费、自然灾害连年频发、非生产人员猛增而造成的极端严重的财政经济困难,党中央号召开展大生产运动,劳模运动随之兴起。劳模运动的全面展开在使根据地人民实现自给自足、丰衣足食的同时,改善了军民生活、党群干群关系,更重要的是让党中央和根据地人民克服了本领恐慌,摸索出经济建设规律,从而为革命事业奠定了物质基础、执政基础、群众基础、人才基础。延安时期的劳模运动将生产与军事活动的展开紧密结合,个人命运与边区生存相统一,不仅使根据地摆脱了战时困境,促进了经济发展,还提高了群众的思想觉悟,劳模运动中形成的劳模精神激励着一代又一代的劳动工作者。延安时期的劳模精神,是在陕甘宁边区开展的树立、奖励、宣传、学习劳模的运动中孕育形成的革命精神,即"勤于劳动、精于业务、敢于斗争、善于创造、乐于奉献",这种精神集中体现了劳模们敢当先锋的气魄、顽强拼搏的作风、敢于斗争的勇气、献身革命的品格、服务人民的情怀。抗战时期的劳模精神既有着伟大的历史作用,又有其独特的价值。它丰富了民族精神与时代精神的内涵,为全面从严治党提供了动力,凝结了打赢脱贫攻坚战、实现中华民族伟大复兴中国梦的智慧。

3. 解放战争时期的劳模精神

抗日战争结束不久,全面内战爆发,如何保障夺取解放战争的全面胜利成为当时的主要任务,劳动生产也围绕增产支援这一主线而展开。1947年2月1日,党中央发出指示,号召解放区军民和国统区人民为争取中国革命新高潮的到来及其胜利而斗争。1947年2月7日,《解放日报》上发表的《中国工人阶级今天的任务》指出:"解放区工人今天最中心的任务,是如何完成争取自卫战争胜利中自己担当的任务。一切直接间接参加兵工生产的工人,应该开展新英雄主义的竞赛,为多造枪弹、炮弹、手榴弹和地雷而斗争;铁路工人、各种运输工人,应该更快更好地完成工作;一切手工业工人和雇工,应该更有计划地加紧生产,为保证人民解放军的丰衣足食,加强各方面的力量而立功。我们的工人和工会组织,还应帮助农民的土地改革,更加巩固工人与农民的团结。"1947年5月1日,《人民日报》发表社论总结了自"二七"社论发表之后增产立功运动取得的成绩与经验,提出"要更大的发挥我们工人阶级的革命精神,使我们在爱国自卫战争中能够功上再加功,继续支援前线战争"。在党中央的号召和两个"社论"的影响下,广大劳动人民努力钻研技术、攻克生产难关,用手挑、肩抗、小推车等多种运输方式,全力支援前线,涌现出许多支前模范。

战争时代的劳动模范不畏艰险、辛勤劳动,全力支援前线,他们是与中国革命事业血脉相连的,因此,战争年代的劳模呈现出"为革命劳动、为革命献身"的"革命型"特征。

(二)社会主义革命和建设时期的劳模精神

新中国成立之初,既要巩固人民政权又要发展生产。所以此时劳模评选,一方面要表彰革命战争时期涌现的模范人物,另一方面要团结、号召全国人民发展生产,努力改善生产生活条件,为稳步迈入社会主义集聚力量。1950年,新中国第一次评选全国劳动模范,评选对象主要来自工业、农业和军队等行业,鉴于我国以农业生产为主的国情,当时专门规定了农业劳模的评选条件。中华人民共和国成立初期的4次劳模表彰会议,在会议名称、评选条件及表彰对象等方面差异明显,表彰重点从工农兵转移到工业战线的先进人物,再到文教战线的先进人物,这与当时中国恢复生产、发展工业,提高生产力水平的需要紧密呼应。这一时期的劳动模范大致可以分为两种类型:一是艰苦奋斗、自力更生的"生产标兵"。既有爱国主义劳动竞赛中的孟泰等劳动模范,又有农业互助合作运动中成长起来的耿长锁、李顺达等。进入社会主义全面建设时期,更是涌现出一批建设新中国、献身现代化的"铁人"王进喜式的劳动英雄。以"爱国创业、求实奉献"为核心内容的"大庆精神""铁人精神"等,集中体现了中国工人的崇高品质和精神风貌,已经成为中华民族伟大精神的重要组成部分。二是毫不利己、专门利人的"道德楷模"。既有亲民爱民、无私奉献的县委书记焦裕禄,又有甘当人民勤务员的淘粪工人时传祥,还有发扬螺丝钉精神的奉献英雄雷锋。在毛泽东等党的主要领导人的大力倡导下,学雷锋、学"铁人"逐渐成为一种社会风尚,推动工业、商业、服务业、农林牧副等行业竞相涌现大批优秀人物。

艰苦奋斗、自力更生、无私奉献是社会主义革命和建设时期劳模精神的突出特征,这一时期的劳模精神为我们国家的经济复苏、工业体系的建立和社会主义事业的发展提供了强有力的精神动力,也为改革开放后劳模精神的进一步发展奠定了基础。

(三)改革开放以来的劳模精神

1. 改革开放后的劳模精神

改革开放是中国人民和中华民族发展史上的一次伟大革命,改革开放赋予劳模精神以新的时代特征,劳模精神也正是在此时期逐渐走向成熟的。

中共十一届三中全会后,党和国家的工作重心逐渐向经济建设转移,生产力标准成为当时劳模评选的主要标准。在明确"知识分子是工人阶级的一部分"之后,以"杂交水稻之父"袁隆平、数学家陈景润等为代表的知识分子和科研人员在劳模队伍中所占比例不断扩大。随着中国改革开放的不断深入,劳模的评选方式更加科学民主、标准更加合理、范围更加广泛,中国劳模评选表彰步入常态化、制度化轨道。特别是从 1995 年开始,固定为每 5 年召开一次全国劳动模范和先进工作者表彰大会,劳模表彰的名称、频次、人数等趋于稳定。1995年4月,江泽民在全国劳模表彰大会上重点强调了知识分子的作用,劳模精神不仅体现为艰苦奋斗、埋头苦干,还被赋予了新的内涵。

21世纪,劳模评选标准日趋完善,劳模精神的内涵逐步确定。2000年4月,江泽民首次对劳模精神作出阐释,"对祖国和人民无限忠诚,爱岗敬业,勇于创新,无私奉献,严于律己,弘扬正气",并号召全社会要学习和弘扬劳模精神。2001年,江泽民将劳模精神的内涵进一步深化为"胸怀全局、目标远大,爱岗敬业、艰苦奋斗,刻苦学习、勇于创新,严于律己、弘扬正气",现代劳模精神的内涵初现雏形。2005年,中华全国总工会修订了劳动模范的评选标准,衡量劳动模范的关键指标由"无私奉献"演变为"对事业有突出贡献",对劳动者的创新精神和职业技能提出了新的要求。同年召开的全国劳模表彰大会首次将私营企业主和进城务工人员纳入评选范围,从新的层面展现出尊重劳动、尊重知识、尊重人才、尊重创造的劳动新风尚。会上,胡锦涛对劳模精神作出明确的概括:"爱岗敬业、争创一流,艰苦奋斗、勇于创新,淡泊名利、甘于奉献。"这一时期的劳模精神更加突显爱岗敬业、为国为民的伟大情怀,创新创造、争创一流的创新精神,脚踏实地、埋头苦干的优良作风,不计得失、甘于奉献的高尚品质。

2. 新时代的劳模精神

中国特色社会主义进入新时代,已描绘好建设社会主义现代化强国美好蓝图的中国,更加注重弘扬劳模精神。近年来,中国经济社会发生巨大变化,新行业、新业态不断出现,知识型、技能型、创新型人才受到关注,在2015年举行的全国劳模评选中,专科及以上学历的劳模占比达到75.8%,理财规划师、农艺师等新职业、新称谓开始出现,被嘉奖的劳模主要为知识型、创新型、管理型、技能型等复合型人才。党的十九大报告提出,建设知识型、技能型、创新型劳动者大军,弘扬劳模精神和工匠精神,营造劳动光荣的社会风尚和精益求精的敬业风气。因此,新时代劳模精神在"爱岗敬业、争创一流,艰苦奋斗、勇于创新,淡泊名利、甘于奉献"的基础上更加注重创新,在创新的基础上追求精益求精。2020年召开的全国劳模表彰大会对在决胜全面建成小康社会、脱贫攻坚、新冠肺炎疫情防控等中涌现出的爱岗敬业、锐意创新、勇于担当、无私奉献的先进模范人物进行了表彰。创新创造、精益求精成为新时代劳模精神的核心要义。

回顾中华人民共和国成立70多年的历史，最初的劳模主要是具有熟练操作技能、良好生产能力的技术工人，劳模精神的内涵为"艰苦奋斗、自力更生、无私奉献"。改革开放初期的劳模更强调他们对生产力发展的促进。劳模评选步入常态化、制度化轨道后，劳模逐渐具有知识型、创新型、技能型、管理型等特点，劳模精神在变化中被赋予不同的时代元素，而劳模引领社会大众投身于社会主义事业建设的导向作用始终不变，劳模始终是推动我国社会进步的精神力量。

三、劳模精神的践行

> 实现中国梦，创造全体人民更加美好的生活，任重而道远，需要我们每一个人继续付出辛勤劳动和艰苦努力。
> ——习近平

梦想属于每一个人，广大劳动群众要敢想敢干、敢于追梦。说到底，实现中华民族伟大复兴的中国梦，要靠各行各业人们的辛勤劳动。现在，党和国家的伟大事业给人们提供了广阔的发展空间，只要有志气有闯劲，普通劳动者也可以在广阔的舞台上实现自己的人生价值。

（一）培育劳动情怀

1. 提高劳动认识

劳动既是人类创造并积累财富的过程，也是人类进行自我创造、自我完善的过程。习近平指出："在我们社会主义国家，一切劳动，无论是体力劳动还是脑力劳动，都值得尊重和鼓励；一切创造，无论是个人创造还是集体创造，也都值得尊重和鼓励，全社会都要贯彻尊重劳动、尊重知识、尊重人才、尊重创造的重大方针，全社会都要以辛勤劳动为荣、以好逸恶劳为耻,任何时候任何人都不能看不起普通劳动者,都不能贪图不劳而获的生活。"新时代的大学生既要正确认识脑力劳动,也要正确认识体力劳动,在未来进行职业选择时,不拈轻怕重,要勇于投身社会主义现代化建设的第一线,把个人理想融入国家理想,以自己的实际行动为实现中华民族伟大复兴的中国梦作贡献。

2. 增强劳动感情

劳动是人类的本质活动,劳动光荣、创造伟大是对人类文明进步规律的重要诠释。习近平总书记指出:"劳动是财富的源泉,也是幸福的源泉。"新时代的各级学校要坚持党的领导,围绕培养能担当民族复兴大任的时代新人,着力提升学生综合素质,促进学生全面发展、健康成长。把握劳动教育的价值取向,引导学生树立正确的劳动观和择业观,具有到艰苦地区和行业工作的奋斗精神,懂得空谈误国、实干兴邦的道理;注重培育公共服务意识,使学生具有面对重大疫情、灾害等危机主动作为的奉献精神;培养学生对劳动的感情,扎根大地、服务"三农"的情怀,增强对劳动人民的感情,报效国家,奉献社会。

3. 培养劳动技能

习近平指出:"一切劳动者,只要肯学肯干肯钻研,练就一身真本领,掌握一手好技术,就能立足岗位成长成才,就都能在劳动中发现广阔的天地,在劳动中体现价值、展现风采、感受快乐。"新时代的劳动教育要"适应科技发展和产业变革,针对劳动新形态,注重新兴技术支撑和社会服务新变化"。数字时代,应在教学活动和社会实践中吸纳人工智能、数字技术、劳动规范等相关内容,为培养青年学生的创造性劳动能力作准备。

新时代的大学生要扎实学习专业理论,用理论指导实践,以诚实劳动创造价值;要结合学科和专业积极开展实习实训、专业服务、社会实践、勤工助学等,在劳动实践中掌握劳动技能,提高专业素养;重视新知识、新技术、新工艺、新方法的应用,创造性地解决实际问题,增强诚实劳动意识,积累职业经验,提升就业创业能力。2020年2月,地处抗疫重点地区的华中农业大学发出倡议,号召全校返乡师生就地帮助春耕生产,把书本知识运用于生产实践中,把课堂搬到田间地头。不光他们,在疫情防控的斗争中,广大青年不畏艰险、冲锋在前,彰显了青春的蓬勃力量,交出了一张张精彩的答卷。

(二)弘扬劳模精神

一个国家的繁荣,离不开人民的奋斗;一个民族的强盛,离不开精神的支撑。大力弘扬劳模精神、劳动精神、工匠精神,既是中华人民共和国成立以来我们党领导人民不断创造辉煌成就的重要原因,也是在新征程上迎难而上、开创新局面的必要条件。目前,全面建设社会主义现代化国家的新征程已经开启,我们要继续大力弘扬劳模精神、劳动精神、工匠精神,提振精气神、奋进新征程,续写"中国梦·劳动美"的壮丽篇章。

1. 崇敬劳动模范

奋斗新时代、奋进新征程,必须崇敬劳动模范,弘扬劳模精神,积极培育和树立劳动最光荣、劳动最崇高、劳动最伟大、劳动最美丽的社会风尚,激励广大劳动群众以实干笃定前行、以平凡写就伟大、以奋斗开创未来,在全面建设社会主义现代化国家的伟大征程上展示新的拼搏姿态、创造新的发展奇迹、谱写新的奋斗史诗。崇敬劳动模范,弘扬劳模精神,就要深刻把握劳模精神的价值意蕴与时代内涵,积极开展向劳动模范学习的活动,采取劳动模范现场讲、劳模后人追忆讲、专家学者深度讲、网络平台在线讲等方式,着力讲好劳模故事、讲好劳动故事、讲好工匠故事,营造学习劳模、尊重劳模、崇尚劳模、争当劳模的良好风尚,让劳动光荣、创造伟大成为铿锵的时代强音,让崇尚奋斗、拼搏奉献成为全社会的自觉追求,激励广大劳动群众以坚定的信心和旺盛的热情投身到建设中国特色社会主义事业中,在百舸争流、千帆竞发的时代洪流中谱写铿锵有力的奋斗赞歌,作出无愧于党和人民、无愧于历史和时代的新业绩。

2. 建设高素质劳动大军

劳动者素质对一个国家、一个民族的发展至关重要。当今世界,综合国力的竞争归根结底是人才的竞争、劳动者素质的竞争。我国工人阶级和广大劳动群众要树立终身学习的理念,养成善于学习、勤于思考的习惯,实现学以养德、学以增智、学以致用。要适应新一轮科技革命和产业变革的需要,密切关注行业、产业前沿知识和技术进展,勤学苦练、深入钻研,不断提高技术技能水平。要完善现代职业教育制度,创新各层次、各类型职业教育模式,为劳动者成长创造良好的条件。技术工人是支撑中国制造、中国创造的重要基础。要完善和落实技术工人培养、使用、评价、考核机制,提高技能人才待遇水平,畅通技能人才职业发展通道,完善技能人才激励政策,激励更多的劳动者特别是青年人走技能成才、技能报国之路,培养更多的高技能人才和大国工匠。要增强创新意识,发展创新思维,展示锐意创新的勇气、敢为人先的锐气、蓬勃向上的朝气。要推进产业工人队伍建设。

3. 切实实现好、维护好、发展好劳动者合法权益

让人民群众过上更加幸福的好日子是我们党始终不渝的奋斗目标。要坚持以人民为中心的发展思想,维护好广大劳动群众的合法权益,解决好就业、教育、社保、医疗、住房、养老、食品安全、生产安全、生态环境、社会治安等问题,不断提升广大劳动群众的获得感、幸福感、安全感。要把稳就业工作摆在更加突出的位置,不断提高劳动者收入水平,构建多层次社会保障体系,改善劳动安全卫生条件,使广大劳动者共建共享改革发展成果,以更有效的举措不断推进共同富裕。要适应新技术、新业态、新模式的迅猛发展,采取多种手段,维护好快递员、网约工、货车司机等就业群体的合法权益。要建立健全困难群众帮扶工作机制,把党和政府的关怀送到困难群众心坎上,让他们感受到社会主义大家庭的温暖。要坚持从群众的多样化需求出发开展工作,打通服务群众的新途径,使服务更直接、更深入、更贴近广大劳动群众,以服务群众的实效打动人心、温暖人心、影响人心、赢得人心。要健全党政主导的维权服务机制,完善政府、工会、企业共同参与的协商协调机制,健全劳动法律法规体系,为维护广大劳动群众的合法权益提供法律和制度保障。要健全以职工代表大会为基本形式的企事业单位民主管理制度,推进厂务公开,充分发挥广大职工群众的积极性、主动性、创造性。

(三)让劳模精神在奋斗中熠熠闪光

历史赋予广大劳动群众伟大而艰巨的使命。站在新的历史起点,奋力开创发

展新局面，需要我们持续付出辛勤劳动和艰苦努力。我们要以劳模为榜样，自觉学先进、赶先进，争做新时代最美奋斗者，在新时代新征程中勇担新使命、展现新作为、创造新业绩。

1. 富有干劲，让实干担当在新时代蔚然成风

习近平在参观《复兴之路》展览时强调："空谈误国，实干兴邦。"一周以后，习近平在广东考察时进一步指出，"全面建成小康社会要靠实干，基本实现现代化要靠实干，实现中华民族伟大复兴要靠实干"。干劲就是诚实劳动、真抓实干的劲头，它是对劳动精神和劳模精神的生动诠释。对于每一位劳动者而言，幸福的获得和梦想的实现，都需要辛勤劳动、诚实劳动、创造性劳动；中华民族的伟大复兴和经济社会的可持续发展，也都需要亿万劳动者的勤勉劳动、艰苦奋斗。新时代的劳动者既要树立"用实干成就事业，靠奋斗铸就梦想"的理念，又要学习广大劳动模范爱岗敬业、争创一流的精神，只有亿万劳动者实干奋斗、奔跑追梦，才能为中国特色社会主义事业作出更大贡献。

2. 富有闯劲，让改革创新在新时代焕发活力

闯，即意味着先行先试、勇破善立，既要破旧，又要立新。闯劲蕴含着勇立潮头、改革创新、开拓进取精神。习近平高度重视改革创新，他指出："抓创新就是抓发展，谋创新就是谋未来。不创新就要落后，创新慢了也要落后。"创新是一种精神、一种实践、一种动力，需要各行各业劳动者的积极参与。广大劳动者应立足本职岗位，持续积累知识和提升技能，在生产技术、工艺流程、现场管理等方面开展创造创新活动。围绕企业生产经营中的重点难点问题，大胆提出合理化建议，勇于进行技术革新，敢于开展技术攻关，积极尝试发明创造，充分激发自身的创新热情，结合一线工作积累的丰富经验，形成更多更好的创新成果。

3. 富有钻劲，让劳模精神在新时代落地生根

习近平指出："一切劳动者，只要肯学肯干肯钻研，练就一身真本领，掌握一手好技术，就能立足岗位成长成才，就都能在劳动中发现广阔的天地，在劳动中体现价值、展现风采、感受快乐。"党的十九大报告提出，"弘扬劳模精神和工匠精神，营造劳动光荣的社会风尚和精益求精的敬业风气"。在从"中国速度"向"中国质量"

转变的关键时期,我们既要有一大批技术过硬的劳动者,又要有一大批技艺超群、追求极致的优秀工匠。以大国工匠为杰出代表的高技能人才,他们凭借对工作的热爱、严谨的态度以及孜孜不倦的钻研,最后超越平凡,成就辉煌人生,为行业技术发展、产品品质提升作出杰出贡献。他们用自己敬业、精业、乐业的感人事迹谱写人生的辉煌。新时代应让劳模精神和工匠精神成为引领社会风尚的风向标,在全社会形成培育劳模、学习劳模、争当劳模的浓厚氛围。

光荣属于劳动者,幸福属于劳动者。社会主义是干出来的,新时代是奋斗出来的。新时代大学生应以劳模精神为指引,以劳模为榜样,淬炼思想品质,锤炼专业技能,通过诚实劳动、勤勉工作创造更加幸福美好的生活,为实现中华民族伟大复兴的中国梦贡献力量。

劳动实践

观看《永不过时的劳模精神》

(一)任务概述

活动主题: 学习劳模坚定理想信念的主人翁精神、勇于创新的开拓精神、艰苦奋斗的拼搏精神、甘于奉献的忘我精神,服务引领青年学生把青春奋斗融入党和人民的事业。

活动内容:《永不过时的劳模精神》纪录片以全新的视角讲述了在激情燃烧的岁月中致力于新中国建设的王进喜、时传祥、张秉贵、孟泰、史来贺等劳动模范的先进事迹,他们在平凡的工作岗位上绽放出璀璨的光芒。学生观看纪录片,并记录观看的心得与感受。

(二)任务实施步骤

(1)准备阶段。老师对本次活动进行介绍,包括活动的主要内容和意义。提前让学生了解王进喜、时传祥、张秉贵、孟泰、史来贺等的先进事迹。

(2)实施阶段。学生在规定时段内观看《永不过时的劳模精神》,及时记录观看的心得与感受,选择其中一位劳动模范制作PPT,介绍他的感人事迹以及自己的感受。

(3)总结阶段。对本次活动的组织与实施进行小结,对学生的整体表现加以考核与评价,对劳动实践活动中表现优秀的同学予以表扬,向全班同学展示他们的优秀作品。

(三)任务实施过程提示

(1)制定观看计划,确保如期完成。

(2)课件制作内容不得抄袭,要表达自己的真实感受。

(四)任务评价

(1)本次任务是否提前布置?　　　　　　　①是____ ②否____

(2)本次活动策划是否规范、完整?　　　　　①是____ ②否____

(3)劳动过程是否有活动记录?　　　　　　①有____ ②没有____

(4)观看心得体会是否为学生原创?　　　　①是____ ②否____

(5)本次活动有没有取得预期效果?　　　　①有____ ②没有____

(6)对活动作出评价,评分标准如下:

"观看《永不过时的劳模精神》"活动评价

评价标准	分值	分数小计	教师评价
参加活动全过程	20分		
活动期间积极认真	20分		
PPT内容真实、感人	20分		
个人心得体会体现真情实感	20分		
班级交流	20分		

(五)任务小结

通过学习劳模的故事,引导学生尊重劳模、关心劳模、学习劳模、争当劳模,增强责任感和使命感,形成奋勇争先、争创一流的进取意识,牢固树立服务社会、报效国家的远大理想,更好地践行劳模精神。

【学习反馈】

(1) 学习本章内容后,我的心得体会:

(2) 学习本章内容后,我还想了解的相关知识点:

(3) 学习本章内容后,我对劳模精神的新认识:

劳动实践篇

第七章
劳动习惯与素养

学习目标

理解良好的劳动习惯对学生成长成才的重要意义，培养具备满足生存发展需要的基本劳动能力；正确认识劳动不分高低贵贱，任何对社会、对人民有益的职业都是高尚的，劳动成果是劳动者勤劳和智慧的凝结，充分尊重劳动，尊重劳动者，珍惜劳动成果，杜绝浪费，养成良好的消费习惯；形成爱岗敬业、诚实守信、精进不休、专注创新的品质，不断提升劳动素养。

> **劳动榜样**

守护万家灯火的"银线舞者"廖志斌①

廖志斌,扎根电力生产一线近20年,始终坚守"人民电业为人民"的初心和"技能报国"的匠心,凭借勇于担当的心劲、不懂就钻的韧劲、锐意进取的拼劲和守护光明的干劲,从一个"门外汉"蜕变成"技能大师",成为新时代产业工人的旗帜。廖志斌在平凡的岗位上,用担当诠释对党的忠诚、用责任坚守对事业的执着、用奉献书写对人民的赤诚,彰显着新时代产业工人的敬业奉献精神。

冲锋在前,防控疫情的"疫线战士"

为坚决打赢疫情防控阻击战,保障大电网平稳运行,按照上级单位部署,在疫情防控期间,宿州供电公司输电运检室承接了宿州境内±800千伏雁淮线等9条特高压线路的综合特巡任务,在许启金和廖志斌师徒俩的带动下,输电运检室的工作人员立即响应,个个干劲十足。按照任务节点,从2月13日开始,廖志斌和师傅对±800千伏雁淮线萧县及埇桥境内的塔段进行了认真巡视,他们穿着工作服,戴好口罩,背上巡检设备,手拿记录本,徒步在田地中、树林间,细致排查每基铁塔……对于这些看似平凡而枯燥的工作,他们却从不掉以轻心,每一次都尽力做到最细最好。

漫步高空,守护光明的"一线尖兵"

长期的实践磨砺出廖志斌精湛的技艺。廖志斌二十年如一日,累计巡视电力线路10万多千米,对所辖线路的电力潮流、运行工况、技术参数等信息了然于胸,共消除输电线路重大隐患600多处,组织完成了500多项带电作业,做到了安全零差错,他负责的线路也成了有名的"放心通道"。2008年奥运会、2017年党的十九大、2019年中华人民共和国成立70周年庆典期间,廖志斌3次被选派前往北京参加供电保障工作,每次都能出色地完成任务。

---

① 改编自2020年12月17日的《安徽新闻联播》和《中国电业》。

砥砺前行，如琢如磨的"创新先锋"

凭借踏实肯干的工作作风，廖志斌的业务能力越来越强。2004年，廖志斌和他的创新团队的QC成果"避雷线提升吊点的研制"获得了省公司QC成果一等奖。2019年他主持研发的"自动拉线预制台"项目实现拉线标准化制作，将恢复送电时间由32分钟缩短至14分钟，受到专家同行的高度认可，因其显著的技术创新和应用成效获得全国水电行业一等奖。截至目前，廖志斌参与研制的"更换双联串绝缘子的紧线器""四分裂导线间隔棒快速拆装工具"等成果7次获得省部级以上创新奖励。他拥有国家专利14项，发表科技论文20篇，所在的QC小组多次获得"全国电力行业优秀质量管理小组"和"安徽省优秀质量管理小组"称号。

从初出茅庐到身经百战，再到淬炼成钢，如今带领团队攻坚创新，廖志斌逐渐明白了作为一名劳模的真正含义。

一、劳动习惯

> 在重视劳动和尊敬劳动者的基础上，我们有可能来创造自己的新的道德。劳动和科学是世界上最伟大的两种力量。
>
> ——[苏联]高尔基

劳动习惯是从个体内在思维、思想到外在行为表现的素养展现，也是劳动素养体系的关键内容。个体的行为习惯有积极与消极两方面，积极的劳动行为习惯能激发人们的劳动热情，督促人们规范劳动行为。

（一）劳动习惯的概念

劳动习惯是通过长期的劳动实践活动、有意识的劳动训练或持续的劳动教育活动影响而形成的在某种特定情境下自发进行劳动的需要或倾向。它是一种后天养成的，具有固定化、机械化、自动化的行为倾向，需要通过参与劳动实践活动或劳动训练形成，一旦形成就难以改变，会使一个人形成劳动的本能，在某些特定情境中自然而然地表现出来。比如说看见地上的垃圾会随手拾起并丢入垃圾桶、主动打扫卫生等。良好的劳动习惯并不是天生就有的,而是在后天经验的作用下逐渐形成的,需要在一定情境下、一定时间里反复练习。

良好的劳动习惯包括自觉自愿、认真负责、安全规范、坚持不懈等,不仅是我们养成劳动品质、形成劳动精神和劳动能力的关键,也是提高自身实践能力的重要举措。

(二)劳动习惯的培养

劳动教育不但要培养学生对劳动的尊敬和热爱,还须培养劳动的习惯。热爱劳动是中华民族的传统美德,劳动教育的目的之一就是让学生具备满足生存发展需要的基本劳动能力,形成良好的劳动习惯。

1. 宣传教育,树立正确观念

劳动是人类的本质活动,劳动光荣、创造伟大是对人类文明进步规律的重要诠释。人类文明进步的规律告诉我们,劳动是人类最根本的实践活动,是人类生存、发展和创造财富的基本路径。要通过劳动教育,培养学生正确的劳动观念。

一是树立"劳动是一切幸福的源泉"的观念。幸福不会从天而降,梦想不会自动成真。回望历史,"中国奇迹"的创造、"中国震撼"的交响,无不凝聚着广大劳动者的智慧和汗水;生活的美好、社会的进步,莫不源于平凡艰辛的劳动。实践证明,人世间的美好梦想,只有通过诚实劳动才能实现;发展中的各种难题,只有通过诚实劳动才能破解;生命里的一切辉煌,只有通过诚实劳动才能铸就,中国特色社会主义事业大厦是靠一砖一瓦建成的,人民幸福是靠一点一滴创造得来的。

二是树立"崇尚劳动、热爱劳动、辛勤劳动、诚实劳动"的观念。随着社会发展和科技进步,劳动形态和劳动方式不断发生变化,劳动内容日趋丰富,但劳动是推动人类社会进步的根本力量,是培养人、塑造人和发展人的重要手段这一价值观念永恒不变。实现我们确立的奋斗目标,归根结底要靠辛勤劳动、诚实劳动、科学劳动。我们要教育学生从小热爱劳动、热爱创造,通过劳动和创造播种希望、收获果实,也通过劳动和创造磨炼意志、提升自己。

三是树立"劳动没有高低贵贱之分,任何一份职业都很光荣"的观念。在我们社会主义国家,一切劳动,无论是体力劳动还是脑力劳动,都值得尊重和鼓励;一切创造,无论是个人创造还是集体创造,也都值得尊重和鼓励。让劳动创造成为时代强音,离不开价值的引领。任何时候任何人都不能看不起普通劳动者,都不能贪图不劳而获的生活。在劳动教育中,要让学生正确认识、看待劳动分工和劳动者,尊重劳动、尊重知识、尊重人才、尊重创造;让学生切身感受劳动成果来之不易,在日常生活中倍加珍惜和爱护劳动者创造的一切劳动成果。

四是树立"劳动最光荣、劳动最崇高、劳动最伟大、劳动最美丽"的观念。劳动是一切成功的必经之路,要在全社会大力弘扬劳动光荣、知识崇高、人才宝贵、创造伟大的时代新风,推动全社会热爱劳动、投身劳动、爱岗敬业,为社会主义现代化建设事业贡献智慧和力量;要用劳动模范和先进工作者的崇高精神、高尚品格鞭策自己,焕发劳动热情、厚植工匠文化、恪守职业道德,将辛勤劳动、诚实劳动、创造性劳动作为自觉行为;要正确认识劳动是财富的源泉,只有劳动才能创造美好生活、开创美好未来、实现美丽的中国梦。

2. 参与实践,提升劳动能力

劳动习惯的培养不能止步于"学生认识到劳动的重要性",有了认识,更要有行动,应激发学生热爱劳动、热爱劳动人民的情感。这样才能建立起理论与实践之间的有机联系。职业院校可以结合专业特点,增强学生的职业荣誉感和责任感,提高他们的职业劳动技能水平,培育他们积极向上的劳动精神和认真负责的劳动态度,培养他们的创造性劳动能力和诚实守信的合法劳动意识。一是持续开展日常生活劳动,自觉做好宿舍卫生保洁,独立处理个人生活事务,自我管理生活,提高自立自强的劳动意识和能力。二是定期开展校内外公益服务性劳动,做好校园环境秩序维护,运用专业技能为社会、为他人提供相关的公益服务,培育社会公德,厚植爱国爱民的情怀。三是依托实习实训,参与真实的生产劳动和服务性劳动,增强职业认同感和劳动自豪感,提升创意物化能力,培育不断探索、精益求精、追求卓越的工匠精神和爱岗敬业的劳动态度，坚信"三百六十行，行行出状元"，体认劳动不分贵贱，任何职业都很光荣，都能出彩。

3. 家、校、社合作，构建"三位一体"协同育人合力

发挥家庭在劳动教育中的基础作用。注重抓住衣、食、住、行等日常生活中的劳动实践机会，鼓励孩子自觉参与、自己动手，随时随地、坚持不懈进行劳动，掌握洗衣做饭等必要的家务劳动技能，每年有针对性地学会1至2项生活技能。鼓励学校（家委会）和社区等组织开展学生生活技能展示活动。鼓励孩子利用节假日参加各种社会劳动。家庭要树立崇尚劳动的良好家风，家长要通过日常生活的言传身教、潜移默化，让孩子养成从小爱劳动的好习惯。

发挥学校在劳动教育中的主导作用。学校要切实承担劳动教育主体责任，明确学校劳动教育要求，着重引导学生形成马克思主义劳动观，系统学习掌握必要的劳动技能。根据学生身体发育情况，科学设计课内外劳动项目，采取灵活多样的形式，激发学生劳动的内在需求和动力。统筹安排课内外时间，可采用集中与分散相结合的方式。组织实施好劳动周，小学低中年级以校园劳动为主，小学高年级和中学可适当走向社会、参与集中劳动，高等学校要组织学生走向社会、以校外劳动锻炼为主，多举措培养学生的劳动习惯。

发挥社会在劳动教育中的支持作用。充分利用社会各方面资源，积极协调和引导企业公司、工厂农场等组织履行社会责任，开放实践场所，支持学校组织学生参加力所能及的生产劳动、参与新型服务性劳动，使学生与普通劳动者一起经历劳动过程。鼓励高新企业为学生体验现代科技条件下的劳动实践新形态、新方式提供支持。工会、共青团、妇联等群团组织以及各类公益基金会、社会福利组织要组织动员相关力量、搭建活动平台，共同支持学生深入城乡社区、福利院和公共场所等参加志愿服务，开展公益劳动，参与社区治理，为培养学生劳动习惯保驾护航。

（三）劳动习惯的实践

劳动是一切幸福的源泉。良好的劳动习惯会让我们在工作、学习、生活实践中自觉辛勤劳动、诚实劳动和创造性劳动,创造更加幸福美满的生活。

1. 辛勤劳动

辛勤劳动,是诚实劳动、创造性劳动的基本前提。辛勤劳动,是每一个中华儿女应有的劳动态度和生命状态。辛勤劳动,既有"辛"也有"勤"。新时代,辛勤劳动含有勤学和勤劳两方面内容。

一是勤学,强调的是锐意进取、勤勉为人。"人才有高下,知物由学。学之乃知,不问不识"。人的才能有高下之别,但认识世界都得靠学习。只有通过学习才能获得知识,对于不知道的东西,不去请教就不会知道。只有从学习开始才能实现人生的梦想,只有练就过硬本领,才能事业有成。一名劳动者要想有所作为,就应当树立终身学习理念,立足岗位,向师傅、向同事、向书本、向实践学文化、学科学、学技能、学各方面知识,增强自身综合素质、增长本领,不断完善自我,积极应变,主动求变,与时俱进。

二是勤劳,强调的是脚踏实地、奋发干事。"艰难困苦,玉汝于成"。中国共产党成立100多年来创造的伟大成就不是天上掉下来的,更不是别人恩赐施舍的,而是中国共产党团结带领全国各族人民用勤劳、智慧、勇气干出来的。回溯历史,任何一点进步、任何一次成功都是人们通过艰苦奋斗、辛勤劳动取得的。越是美好的未来,越需要我们不畏艰辛、不辞辛劳。今天,中国特色社会主义进入新时代,面对世界百年未有之大变局,开启全面建设社会主义现代化强国的新征程,我们比历史上任何时期都更接近、更有信心和能力实现中华民族伟大复兴的目标。但是我们也必须清醒认识到,中华民族伟大复兴绝不是轻轻松松、敲锣打鼓就能实现的,前进道路上仍然存在可以预料和难以预料的各种风险挑战,我们更需要苦干笃行,以咬定青山不放松的执着奋力实现既定目标,以行百里者半九十的清醒不懈推进中华民族伟大复兴。

梦想属于每一个人,广大劳动群众要敢想敢干、敢于追梦。说到底,实现中华民族伟大复兴的中国梦,要靠各行各业人们的辛勤劳动。人们只有依靠劳动,崇尚劳动,以辛勤劳动引领社会风尚,坚持把为社会发展而劳动作为自己应尽的职责和神圣的义务,才能在实现民族复兴的梦想中实现人生理想。大学生要做一个辛勤的劳动者,用"爱岗敬业、争创一流,艰苦奋斗、勇于创新,淡泊名利、甘于奉献"的新时代精神,在辛勤劳动中实现自己的人生价值。

2. 诚实劳动

诚实劳动,是指劳动者以积极、实干、诚信的态度为他人和社会提供产品、服务,基本要求是合法合理劳动,表现为劳动者在不违背法律法规的前提下从事道德的劳作,具有至真性、共享性、至善性等特点。

一是诚实劳动的至真性,表现为劳动认知的客观、劳动行为的务实和劳动成果的实事求是。一方面,劳动者对从事劳动所必备的知识、技能、技巧有正确认识,对个体的劳动素质有理性判断并能作出合理的定位;另一方面,立足岗位踏实劳动,求真学问,练真本领。同时,实事求是地对待劳动成果,摒弃虚假之风,反对一切不劳而获、投机取巧的思想,积极弘扬劳动精神、劳模精神和诚信文化,依靠诚实劳动实现人生梦想。

二是诚实劳动的共享性,表现为劳动知识和劳动成果的共建共享。诚实劳动既是一种道德的实践活动,也是一种信息共享的交流方式。劳动过程中对劳动技能技巧的切磋,对劳动资料、知识、成果的分享互鉴等体现了劳动者之间相互学习、合作共赢的和谐关系。

三是诚实劳动的至善性,表现为劳动思想和劳动行为的"善"。诚实是劳动者的基本道德品格。诚实劳动突显了劳动者的道德主体性。道德的劳动从根本上决定了劳动的"善"。新时代构建和发展和谐劳动关系、促进社会和谐,需要劳动者积极践行诚实劳动理念,将社会责任和时代使命融入诚实劳动。从对待劳动认知、劳动过程、劳动结果的态度和行为实践可以看出,实干求真贯穿诚实劳动的始终,是整个劳动活动得以完成和继续的轴承,是诚实劳动的本质内涵。

空谈误国,实干兴邦。实干首先就要脚踏实地。如果劳动者驰于空想、骛于虚声、投机取巧,那么中国梦永远只能是黄粱一梦。于个人而言,唯有诚实劳动,才能最好地保障和实现人的自由本质,诚实劳动是创造体面劳动和全面发展的"资本"。于国家而言,诚实劳动是提升国力的基石和坚守国格的精神基因,唯有诚实劳动,才能一步一步成功实现民族复兴的梦想。

3. 创造性劳动

创造性劳动是以知识、技能、情感的再造为基本特征,以创新、创先、创优为基本表现形式,以促进人的全面发展和社会全面进步为根本目标的劳动。从小处说,一个人取得突出成就,其中应包含创造性劳动的因子;往大了看,人类劳动由低级形态向高级形态发展,最主要的标志是创造性劳动数量的增加和水平的提升;从一定意义上说,创造性劳动是人类社会发展的根本力量。创造性劳动强调要尊重劳动者的首创精神,在全社会形成劳动光荣、知识崇高、人才宝贵、创造伟大的价值导向,让一切劳动与创新的活力竞相迸发,让一切创造社会财富的源泉充分涌流。

解放思想是创造性劳动的逻辑起点。着眼当下,要想建成社会主义现代化强国、跑好民族复兴接力赛、在国际竞争中赢得优势,我们必须继续解放思想,强化问题意识、时代意识、战略意识,用深邃的历史眼光、宽广的国际视野把握事物发展的本质和内在联系,紧密跟随亿万人民的创造性实践,增强创新劳动思维,通过理论联系实践及时廓清束缚生产力发展的思想迷雾。

专业技能和科学知识是创造性劳动的逻辑支点。创造性劳动并非无根之水,而是以劳动者的专业知识技能为基础、以科学知识为依托的独具匠心,劳动者的知识越广博、才能越出众,创造能力就越大。劳动者应尽可能多地掌握从事一定劳动所需要的劳动知识、技术、技巧和运用它们的能力,充分发挥主观能动性和主体创造力,发展新的劳动条件、劳动方式、劳动成果和社会需求。只有找准专业优势和社会发展的结合点,找准先进知识和我国实际的结合点,真正使创新创造落地生根、开花结果,才能造就闪光的人生。

惟创新者进,惟创新者强,惟创新者胜。创造性劳动,是新时代建设创新型国家的发展战略需要,也是培养自由全面发展的人的内在要求,关乎国家前途命运、关乎人民福祉,体现了中国人民的伟大创造精神。面对复杂的改革环境、艰巨的发展任务,今天的中国比以往任何时候都更加需要创新驱动。无论是稳中求进推动转型发展,还是保护环境建设"美丽中国";无论是完善制度提升治理力,还是激发活力构筑文化强国,都需要在全社会大力营造勇于创新、鼓励成功、宽容失败的良好氛围,为人才发挥作用、施展才华提供更加广阔的天地,让全社会的创造活力充分释放,让各行各业创新人才竞相涌现。

拓展阅读

"亲手干才算自己的劳动"

毛泽东出身于农家,一生简朴,以身作则。在延安时,他同指战员们一道亲自动手,挖地、浇水、施肥、种地,不贪图个人享受,关心他人、尊老爱老、与孩子"约法三章"等故事,始终铭刻在人民的心中,成为我党树立良好形象当之无愧的楷模。

二、劳动品质

> 劳动是人类存在的基础和手段,是一个人在体格、智慧和道德上臻于完善的源泉。
>
> ——[俄]乌申斯基

劳动品质是劳动者基本素质的外在呈现。劳动是劳动者运用一定的生产资料或生产要素作用于劳动对象的实践活动,它需要劳动者具备基本素质,形成良好的劳动品质。从某种意义上说,劳动品质决定了劳动的量和质,决定了劳动的成效。

（一）爱岗敬业

业精于勤，荒于嬉；行成于思，毁于随。爱岗敬业体现的是公民热爱、珍视自己的工作和职业，勤勉努力，尽职尽责的道德操守。任何一个社会的保存和发展，都是以其成员勤奋工作、创造价值为前提的。因此，所有生气蓬勃的社会都把敬业作为核心价值加以强调，将之作为对社会成员的基本要求。

爱岗敬业的内涵主要表现在两个方面，即热爱和勤勉。首先要热爱工作岗位，干一行爱一行。只有当公民把工作当作自己珍视的领域，视为自己价值得以表达的所在时，他才有可能进行真正的精力与体力的投入，才有可能克制自己放松懒惰的想法，才有可能不满足于自己所取得的成就。也只有当社会中的绝大多数人都把热爱工作当作自己的核心价值时，产品的生产与再生产链条才能够得以保持乃至发展，社会才能够进步。其次要勤勉努力。热爱工作只是敬业的前提和基础，还没有从愿望转化为行动，从想法发展成对工作的劳动与付出。只有热爱工作的口号，而无勤勉工作的行动，那比不唱高调而懒散的行为要更恶劣。古代有"五耻"之说："居其位，无其言，君子耻之；有其言，无其行，君子耻之；既得之，而又失之，君子耻之；地有余，而民不足，君子耻之；众寡均而倍焉，君子耻之。"其中第二耻，"有其言，无其行"，就包括这样只喊口号而无行动的做法。只有在本职工作中勤勉努力的人，才能在锤炼自己品格、提升自己能力的同时，经过长年累月的努力作出一番成就来。

（二）诚实守信

诚实守信即诚信，诚实就是真实无欺，光明磊落，开诚布公，不隐瞒，不欺骗；就是表里如一，说老实话，办老实事，做老实人；就是言行与内心思想一致，不虚假。守信就是重诺言，讲信用，言出必行，《辞海》将其解释为"遵守信约；有信用"。

诚实守信是公民道德的基石，既是做人做事的道德底线，也是社会运行的基本条件，是人和人之间正常交往、社会生活能够稳定、经济秩序得以保持和发展的重要力量。现代社会不仅是物质丰裕的社会,也应是诚信有序的社会;市场经济不仅是法治经济,也应是信用经济。"人而无信,不知其可也"。失去诚信,个人就失去立身之本,社会就失去运行之轨。对一个人来说,诚实守信既是一种道德品质和道德信念,也是每个公民的道德责任,更是一种崇高的人格力量。对一个企业和团体来说,它是一种形象,一种品牌,一种信誉,是保持企业兴旺发达的基础。对一个国家和政府来说,诚实守信是国格的体现,就国内而言,它是人民拥护政府、支持政府、赞成政府的一个重要支撑;就国际而言,它显示了国家的地位和国家的尊严,是国家自立自强于世界民族之林的重要力量,也是国家具有良好国际形象和国际信誉的标志。从经济生活来看,诚实守信是经济秩序的基石,是企业的立身之本和一种无形资产;从政治道德来看,诚实守信是一种极其重要的品德,是政治意识和责任意识的体现,是从政者必须具有的道德品性和政治素质;从人际关系来看,诚实守信是人们进行社会交往时最根本的道德规范,也是一个人最重要的道德品质,人与人交往的关键就在于诚实守信。作为新时代社会主义现代化建设的建设者和接班人,当代大学生诚信品行塑造的程度如何,不仅直接关系自身的前途和命运,而且与社会的发展和进步息息相关。大学生应时刻将诚信刻在心底、落实在行动中,"信"立天下,"诚"就未来。

(三)精进不休

精进指的是专心努力上进,休指停止,精进不休指的是人不停追求进步,强调的是劳动者在业务上孜孜不倦、精益求精、刻苦钻研的精神和态度。

劳动者要具备精进不休的职业素养,一是适应岗位需要。任何劳动者不是一开始就能胜任工作岗位的,都要经历从了解到熟悉再到胜任的过程,而在这个过程中劳动者要有精进不休的工作精神。如果缺乏这种精神,人们可能只是了解岗位,或者只是熟悉岗位,很难做到胜任岗位需求。难以胜任岗位需求,其生产出来的产品就容易出现不符合设计要求的问题,这样既造成资源的浪费,又会对劳动者的工作产生影响,甚至会导致其失业。二是推动行业进步的需要。任何行业都要不断发展和改进,否则就会消亡。一个行业的发展和改进往往是由具有精进不休精神、业务精良的劳动者推动的。这类劳动者了解行业情况,熟悉岗位需求,能够展望行业前景。他们在自己的岗位上不断探索和尝试,以期找到行业发展之路,从而推动整个行业的进步。

劳动者除具备以上三个优良品质外,还应具备专注和创新的精神。专注可以使劳动者心无旁骛,专心致志于自己所从事的领域,不被外界的诱惑所迷惑,不因名利失去自我,能做到心如止水,更容易创造出巨大的成绩,为人民、为社会造福。创新使劳动者不墨守成规,敢于尝试和创造。人类社会发展的每一次巨大飞跃都伴随创新,蒸汽机的发明、电子计算机的应用等,都是劳动者不断创新的成果。在大力倡导创新型国家建设的今天,劳动者想要有所建树,必须坚持走创新驱动发展的道路,也只有创新才能推动社会更快的进步,成就高素质的劳动者。

三、劳动素养

> 劳动永远是人类生活的基础,是创造人类生活和文化幸福的基础。
> ——[苏联]马卡连柯

苏联教育家苏霍姆林斯基首先提出"劳动素养"的概念,认为提高劳动素养是劳动教育的最终目的。劳动教育的目的是培养"真正完整的人",体现为劳动实践在一个人精神生活中的作用和地位,以及人如何在劳动创造中获得充实的智力内容、丰富其道德意义。劳动素养是核心素养的重要内容,是经过教育与生活活动形成的与劳动相关的人的素质。

(一)劳动素养的内涵与特征

劳动者的劳动不是简单的机械制造或再造,而是有生命、有理想的劳动者个体按劳动计划而开展的创造性工作,劳动者是否具备基本的劳动素养是劳动者能否创造性进行工作的关键。

1. 劳动素养的内涵

"劳动素养"一词从结构上分析，由"劳动"和"素养"组成。一般意义上的劳动是指人通过自身肢体对外输出劳动量而产生价值的人类运动，是人维持自我生存和发展的唯一手段，包括体力劳动和脑力劳动两种形式。素养是一种修养，指的是理论、知识、艺术、思想等方面达到的一定水平，是个体后天形成的知识、思想、价值观念和态度等良好品质以及与之相适应的能力。因此，劳动素养是指个体在长期的学习与实践过程中，通过体力劳动和脑力劳动所形成的与劳动相关的品质修养、行为能力的综合表现。对于学生而言，劳动素养是通过日常生活劳动、生产劳动等教育活动逐步形成和深化的必备的人格品质和行为能力，是他们在充满竞争的社会环境中健康生存、锐意进取的必备内容，也决定着他们能否在诸多领域实现和谐发展、价值创造、达到理想的目标。

2. 劳动素养的特征

劳动素养是时代发展与个体成长的双重需求，是学生全面发展的一个重要因素。在新的时代背景下，劳动素养具有如下特征。

一是育人性。劳动是人类生存、发展和进步的支柱，人类个体正是在劳动过程中实现自身全部及最高的价值的。中华人民共和国成立后，我国教育政策非常重视劳动的育人价值，党的十八大以来这一理念更是得到充分彰显，明确提出劳动教育应充分体现劳动的育人功能，引导学生树立正确的劳动观，崇尚劳动、尊重劳动，努力成为担当民族复兴大任的时代新人。

二是社会性。社会性是劳动教育的特殊性质，它要求面对真实的生活世界和职业世界，以动手实践为主要方式，学会改造世界，在改造世界的过程中塑造自己，为学生的社会化发展奠定基础。同时这种社会性还表现为特定的时代性。社会生产力的变革带来劳动形态的变化，而劳动形态的变化直接影响劳动教育的内容与目标，影响劳动素养的内涵。当前正处于生产力高速发展时期，对劳动观念和劳动能力提出了新的要求，劳动素养在内涵上要紧密把握时代特点，树立现代劳动观念,在继承传统的同时掌握时代所需的基本技能,使劳动意识、劳动行为与未来社会发展需求相匹配。

三是综合性。综合性是劳动素养的根本属性,劳动素养的综合性主要表现在其内容与外化行为的多样性上。劳动素养在内容上涵盖了劳动观念、劳动精神、劳动能力和劳动习惯等,是学校劳动教育课程内容多样性的侧面体现。同时它也是学生劳动意识、劳动态度、劳动创新和劳动技能等方面人格品质和行为能力在生活与学习中外化的凝结呈现。

四是体验性。体验性是劳动素养的重要属性,是人类实践活动的特殊形式,蕴含了在其形成过程中主体的身心亲历性。实践活动强调的是主体全身心的体验过程,在体验中实现对知识经验的理解和思维的建构。劳动素养形成的关键在于学生对校内外各类劳动活动的参与体验。具体而言,学生需要在劳动参与中熟悉与锻炼劳动技能,验证劳动知识,并发展具体的劳动能力;需要在劳动实践中确立积极正确的劳动观念,在身体力行中提升对劳动的整体认识并激发劳动创新潜能等。

(二)劳动素养的构成

劳动教育最直接的目标是提高受教育者的劳动素养。劳动素养是人在劳动过程中的劳动观念、劳动能力、劳动精神、劳动习惯和品质的综合体现。

1. 劳动观念

劳动观念是指人们在劳动实践中逐渐形成的对劳动、劳动者和劳动成果的总体看法和态度,是劳动素养在认知、情感、价值观层面的体现,对人们的劳动实践具有积极的指导作用。劳动观念是人们劳动意识、劳动思想和劳动态度的表达,它是引导学生进行劳动实践的先决要素,折射出个体内涵式发展的光芒,为学生的全面发展奠定科学基础并进一步影响他们的劳动态度与劳动行为。具体来讲,劳动观念主要表现为人们能够正确认识劳动创造人、劳动创造财富、劳动创造美好生活的道理,理解劳动对个人和社会发展的意义与价值;能够理解"三百六十行,行行出状元",尊重普通劳动者,主动传承和弘扬勤俭节约精神;能在动手实践中形成积极的劳动情感、劳动意愿和劳动自豪感,自觉践行马克思主义劳动观,牢固树立劳动最光荣、劳动最崇高、劳动最伟大、劳动最美丽的思想观念等。

2. 劳动能力

劳动能力是人们劳动知识、劳动技能和劳动活动实践创新等多项内容的综合表现,主要包括劳动知识、劳动技能与劳动创新,是个体劳动观念、劳动精神和劳动习惯等人格品质形成的坚实基础。劳动能力的形成始于人们对劳动知识的学习与劳动技能的尝试。其中,劳动知识是前人在劳动实践中认识客观世界、推动社会生产和发展的自身经验的传承与积累,包括理论知识和实践知识。劳动技能是运用一定的知识和经验完成某种劳动任务的活动方式。劳动创新是人们通过知识与技能的学习,在各类劳动实践活动中形成创新思维、发展创造能力。对于新时代的青年学生来说,劳动能力具体来讲主要表现为学生能够掌握满足日常生活、社会发展所需要的基本劳动知识和经验,并运用所学知识解决实际问题;掌握日常生活所必需的技能,会使用常用的劳动工具和设备,能采用一定的技术方法解决问题以满足需求;在学习和借鉴他人丰富的经验、技艺基础上,勇于尝试新方法、探索新技术;能发现劳动实践过程中存在的问题,并创造性地提出解决方案,根据实施情况在劳动中不断优化和改进解决方案,促进劳动实践活动的变革与进步等。

3. 劳动精神

劳动精神是指面对劳动人们所秉持的精神风貌和人格气质,是劳动素养的核心内容。一般意义上讲,劳动精神是劳动者在劳动中展现的精神状态、精神面貌、精神品质,是个体思想、意识、思维等心理认知的凝练与升华,它指导与规范着个体的外在劳动行为表现,主要包括劳动奋斗、劳动奉献、劳动勤俭等基本劳动精神风貌。一方面,劳动精神是新时代社会发展对未来人才品德的要求,大学生是担当民族复兴大任的时代新人和中华优秀传统文化的传承人,对他们进行劳动精神的培育必须立足中华优秀传统文化,并结合时代发展需要和青少年身心特征来核定其主要内容,为塑造合格的时代新人提供保障。另一方面,劳动精神也是指引学生劳动品质与劳动思想形成的核心力量,是促使学生在社会公益劳动、日常生活劳动和生产劳动等活动中学会自立自强、勤奋坚强、勇于克服困难、乐于奉献的动力源泉,对未来提升社会公益活动质量、形成社会劳动风尚以及推动学生突破自我劳动认知限度具有积极的促进作用。

4. 劳动习惯和品质

劳动习惯和品质指人们通过经常性的劳动实践而内化形成的稳定的行为倾向和积极的人格特征,主要表现为劳动行为习惯、意志品质、道德品质等方面。劳动习惯和品质不仅是衡量主体劳动素养发展水平的关键指标,还是保障他们坚持不懈参与劳动实践活动的重要条件。劳动习惯和品质是人们通过长期的劳动实践所形成的自动化的、内化的心理结构,一经形成便具有较强的稳定性,可促使个体在劳动实践中不断追求品质、精益求精、勇于创新,从而展现新时代下勤俭、创新、奉献的奋斗精神。

(三)劳动素养的评价

将劳动素养纳入学生综合素质评价体系。以劳动教育目标、内容要求为依据,将过程性评价和结果性评价结合起来,健全和完善学生劳动素养评价标准、程序和方法,鼓励、支持各地利用大数据、云平台、物联网等现代信息技术手段,开展劳动教育过程监测与纪实评价,发挥评价的育人导向和反馈改进功能。

1. 平时表现评价

一是在平时的劳动教育实践活动中及时进行评价,以评价促进学生发展。二是覆盖各类型劳动教育活动,明确学年劳动实践类型、次数、时间等考核要求。三是关注学生在劳动教育活动中的实际表现,注重从行为表现中分析把握劳动观念形成情况。四是以自我评价为主,辅以教师、同伴、家长、服务对象、用人单位等他评方式,指导学生加以反思改进。五是指导学生如实记录劳动教育活动情况,收集整理相关制品、作品等,选择代表性的写实记录,将其纳入综合素质档案,作为学生学年评优评先的重要参考。

2. 学段综合评价

一是学段结束时,要依据学段目标和内容,结合综合素质档案作出分析,兼顾必修课学习和课外劳动实践,对劳动观念、劳动能力、劳动精神、劳动习惯和品质等劳动素养发展状况进行综合评定。二是建立诚信机制,实行写实记录抽查制度,对于弄虚作假者,在评优评先方面予以一票否决,性质严重的应依法依规严肃处理。三是将劳动素养考核结果作为毕业依据之一和学生就业的重要参考。

3. 劳动素养监测

将学生的劳动素养监测纳入职业院校教学质量评估,委托有关专业机构,定期组织开展学生劳动素养状况调查,注重对学生劳动观念、劳动能力、劳动精神、劳动习惯和品质等的监测,发挥监测结果的示范引导、反馈改进等功能。

劳动实践

从《二十四节气歌》中感受劳动人民的智慧

(一)任务概述

活动主题:背诵《二十四节气歌》,感受劳动人民的智慧。

活动内容:要求学生在熟练背诵《二十四节气歌》的基础上罗列二十四节气对农业生产、人们衣食住行产生的影响。感悟劳动人民在长期的劳动实践中总结的适合农作物耕种的诗歌,体会劳动人民的聪明智慧。

二十四节气歌

春雨惊春清谷天,夏满芒夏暑相连。
秋处露秋寒霜降,冬雪雪冬小大寒。
每月两节不变更,最多相差一两天。
上半年是六廿一,下半年是八廿三。

(二)任务实施步骤

本次实践活动分三个阶段进行。

(1)准备和动员阶段。老师从整体上对本次活动进行布置和安排,要求广大学生积极投身于本次实践活动。

(2)具体实施阶段。学生按照要求收集资料,从二十四节气中选取一个节气,参加一次与该节气相关的劳动活动。

(3)考核总结阶段。根据劳动效果,由指导老师评定成绩,并将其纳入劳动考核成绩。

(三)任务实施过程提示

注意不同地区农民安排播种、进行农作物培育和收割时间上的不同;学生在安排学习活动和日常生活时应注意节气的变化。

(四)任务评价

(1)本次任务是否提前布置?   ①是____ ②否____
(2)本次活动策划是否规范、完整?   ①是____ ②否____
(3)劳动过程是否有活动记录?   ①有____ ②没有____
(4)本次活动有没有取得预期效果?   ①有____ ②没有____
(5)对活动作出评价,评分标准如下:

"从《二十四节气歌》中感受劳动人民的智慧"活动评价

评价标准	分值	分数小计	教师评价
资料的收集符合标准	20分		
参加活动全过程	20分		
活动期间积极认真	20分		
参加劳动活动成效明显	20分		
班级交流	20分		

(五)任务小结

学习《二十四节气歌》,感受《二十四节气歌》所展现的中国人民的劳动智慧。

【学习反馈】

(1)学习本章内容后,我的心得体会:

(2)学习本章内容后,我还想了解的相关知识点:

(3)学习本章内容后,我对劳动习惯与素养的新认识:

第八章
劳动安全与保护

学习目标

掌握劳动安全和劳动保护的基本知识，通过学习劳动安全、劳动保护的规程和纪律，让学生了解劳动者应享受的劳动安全健康权利，从而在今后的实习和工作中有效避免或减少安全事故职业危害，保护自己的人身安全和身心健康。

> **劳动榜样**

何世嵩：从安全员到劳动模范[①]

何世嵩是广州港股份有限公司新港港务分公司劳动安全部副科级安全督导员、现场组组长。他在港口从事安全管理工作31年，积累了丰富的现场安全管理经验，遇到难题总能想出良策，为公司安全管理工作作出了突出贡献。先后被评为先进工作者、先进劳动者、优秀党员、"港口道德之星"、最佳员工，他的事迹在职工中广为流传。他凭借安全业绩还获得"广州市劳动模范""广东省劳动模范"和"全国五一劳动奖章"荣誉称号。

1978年1月，何世嵩应招进新港港务分公司做装卸工。一次，一个跟他关系要好的老乡在码头进行装卸作业时，发生事故，从此老乡变成了残疾人，生活不能自理。事故让老乡家庭蒙上了阴影，何世嵩当时就暗下决心："一定要当安全员，保护工友现场作业安全，让工友远离事故伤害。"经过努力，1983年6月，他当上了安全质量科现场组三班值班组组长。不久，公司又任命他为劳动安全部现场组组长、经理助理。2011年4月至今，他一直任劳动安全部副科级安全督导员。今年59岁的他，从事港口现场安全管理已满31年。在31年安全管理生涯中，何世嵩以精益求精的态度把好现场安全关。当公司靠泊重点船、困难船时，他无论是当班还是休息，都必到现场监督、指导，让现场作业处于可控的安全状态。

何世嵩还注重提高安全组的团队素质，他将有关安全生产的规章制度抄写在办公室黑板上，每天出一题让安全员自问自答，每月组织一次闭卷考试，以便安全员们熟练掌握现场安全管理的方式方法。为管好现场安全，何世嵩总是亲临生产作业第一线，与中队长、班组长、装卸工沟通，听取建议，了解码头现场作业情况、特点和存在的问题，然后采取针对性措施。在码头现场装卸作业中，每当遇到安全难题时，他必先召开"诸葛亮会"，听取大家意见，选择最佳方案。

[①] 杨志刚：《何世嵩：从安全员到劳动模范》，《中国安全生产》，2014年第7期，有删改。

因深知安全理论知识对指导实践工作的必要性和重要性,何世嵩积极参加各类安全知识教育培训,系统学习现代企业安全管理知识,提高了安全管理理论水平,并做到学以致用。不仅如此,他还注重对职工的教育培训。组织职工学习《中华人民共和国安全生产法》(以下简称《安全生产法》)、《中华人民共和国消防法》等法律法规,以及《港口安全规则》。在安全生产检查方面,他严格执行"领导干部亲自查、安全部门具体查、广大职工自觉查"的公司规定,对现场作业实行全过程监控,将"安全第一、预防为主、生命至上"的安全理念灌输到现场每位职工的心中。

何世嵩设计的《码头生产作业安全监督值班记录》虽然仅有12项内容,但实用且科学,深受职工欢迎。其中,记录的"在检查监督中发现不正常问题及时处理情况""交下班重点检查注意事项",对消除隐患和提高质量、效率具有重要的参考价值。他还在广泛调查研究的基础上,制定了《安全员职业道德行为规范》和《安全员文明服务公约》,并督促安全员严格执行。

何世嵩在安全方面作出的不懈努力,为公司取得自1995年以来连续19年工亡事故、重大机损、船舶交通、火灾责任事故均为零的好成绩,他也成为广东省企业安全管理员队伍中迄今为止第一位"全国五一劳动奖章"获得者。

一、劳动安全

> 人民创造历史,劳动开创未来。劳动是推动人类社会进步的根本力量。
>
> ——习近平

(一)劳动风险

1. 劳动风险与危险源

(1)劳动风险。劳动风险是指劳动者在劳动年龄范围内所遭遇的风险事故。包括自然的身体或生理变化、职业上的灾害事故及工作机会丧失等。

(2)危险源。《职业健康安全管理体系要求》(GB/T28001—2011)将危险源定义为:可能导致人身伤害和(或)健康损害的根源、状态或行为,或其组合。其中,根源是指具有能量或产生、释放能量的物理实体。如起重设备、电气设备、压力容器等。行为是指决策人员、管理人员以及从业人员的决策行为、管理行为以及作业行为。状态是指物的状态和环境的状态等。

(3)风险与危险源的关系。风险与危险源之间既有联系又有本质区别。首先,危险源是风险的载体,风险是危险源的属性。即讨论风险必然涉及是哪类或哪个危险源的风险,没有危险源,风险则无从谈起。其次,任何危险源都会伴随风险。只是危险源不同,其伴随的风险大小往往不同。

2. 危险源分类

在系统安全研究中,一般将危险源分为第一类危险源和第二类危险源。

(1)第一类危险源。第一类危险源是在生产过程中存在的、可能意外释放的能量,通常指能量或危险物质及其载体。第一类危险源是事故发生的根源和根本原因,例如,加油站的汽油储油罐或高速行驶的汽车都属于第一类危险源。在安全管理实践中很少研究第一类危险源,因为它是客观存在的。虽然它可能造成的危险极大,但我们不能因此使加油站没有储油罐、禁止汽车上路。

(2)第二类危险源。第二类危险源是指造成约束和限制危险物质的措施无效的各种不安全因素,主要包括:人的不安全行为、物的不安全状态和管理制度上的缺陷。例如,储油罐年久失修有腐蚀,这属于物的不安全状态和管理制度上的缺陷;酒后驾车或者开车打电话则属于人的不安全行为。

第一类危险源是事故发生的前提,决定事故的严重程度;第二类危险源是事故发生的必要条件,决定事故发生可能性的大小。例如,汽车的速度越快则能量越大,造成的事故危害可能就越大;开车看手机等不安全行为越多,则意味着发生事故的概率就越大。因此,企业对危险源的管理重点是通过对人的行为控制、技术控制、管理控制去消除第二类危险源,从而避免第一类危险源发生事故。

按照危险源危险程度,可将危险源分为重大危险源与一般危险源。

(1)重大危险源。20世纪70年代以来,预防重大工业事故引起国际社会的广泛重视,随之产生了重大危险源的概念,国际上也称之为重大危害设施。重大危险源是指长期或者临时地生产、搬运、使用或者储存危险物品,且危险物品的数量等于或者超过临界量的单元(包括场所和设施),主要涉及易燃易爆、有毒有害物质的储罐、库区、生产场所等,有可能会导致比较严重的火灾、爆炸、泄漏等事故,造成较大的人员伤亡和财产损失。《危险化学品重大危险源辨识》(GB18218—2018)规定了危险化学品的重大危险源临界量,可依此作为重大危险源的判定依据。另外,还可以依据可能导致事故的伤亡人数(如死亡3人或以上)或经济损失数目(如直接经济损失50万元及以上)来确定重大危险源。按照《危险化学品重大危险源监督管理暂行规定》的要求,重大危险源根据其危险程度分为一、二、三、四级,其中一级为最高级别。分级管理是为了防止重大事故的发生,对于重大危险源,各级监管部门会有更加严格的监管制度;企业会有更加严格的管理制度,包括对重大危险源的辨识、评估、备案和应急等。

(2)一般危险源。除重大危险源之外的危险源为一般危险源。

3. 劳动事故与事故隐患

(1)劳动事故。《卫生学大辞典》将事故定义为在劳动过程中意外发生的设备损坏和人身伤亡的统称。

《企业职工伤亡事故分类标准》(GB6441—1986)将事故分为20大类,分别为:物体打击、车辆伤害、机械伤害、起重伤害、触电、淹溺、灼烫、火灾、高处坠落、坍塌、冒顶片帮、透水、放炮、火药爆炸、瓦斯爆炸、锅炉爆炸、容器爆炸、其他爆炸、中毒和窒息、其他伤害。该分类适用于企业职工伤亡事故统计工作。

在《生产安全事故报告和调查处理条例》中,根据造成的人员伤亡或者直接经济损失,将生产安全事故分为四个等级(见表8-1),该分类适用于生产安全事故报告和调查处理。

表8-1 生产安全事故等级划分

等级	伤亡或损失情况		
	死亡人数	重伤人数	直接经济损失
特别重大事故	30人以上	100人以上	1亿元以上
重大事故	10人以上30人以下	50人以上100人以下	5000万元以上1亿元以下
较大事故	3人以上10人以下	10人以上50人以下	1000万元以上5000万元以下
一般事故	3人以下	10人以下	1000万元以下

(2)事故隐患。《职业安全卫生词典》将事故隐患定义为：能导致伤害事故发生的人的不安全行为、物的不安全状态和管理制度上的缺陷。从定义上看，事故隐患与第二类危险源相吻合。《安全生产事故隐患排查治理暂行规定》中将事故隐患分为一般事故隐患和重大事故隐患。一般事故隐患是指危害和整改难度较小，发现后能够立即整改排除的隐患。重大事故隐患是指危害和整改难度较大，应当全部或者局部停产停业，并经过一定时间整改治理方能排除的隐患，或者因外部因素影响致使生产经营单位自身难以排除的隐患。

危险源失控就会演变成事故隐患，如果事故隐患不能得到及时排查治理，就会从量变转为质变，质变到一定程度，就有可能造成人员伤亡或财产损失等事故的突然发生。因此，安全生产事故隐患的排查治理工作是安全生产工作的一项重要内容。隐患排查是指生产经营单位组织安全生产管理人员、工程技术人员和其他相关人员对本单位的事故隐患进行排查并分级登记。隐患治理是指消除或控制隐患的活动或过程。《安全生产事故隐患排查治理暂行规定》规定了一些事故隐患排查治理的重点范围，不仅包括煤矿、非煤矿山、危险化学品等生产企业，还包括商场、公共娱乐场所、旅游景点、学校、医院、宾馆、饭店等人员密集场所。

拓展阅读

海因里希法则

海因里希法则是美国著名安全工程师海因里希提出的300∶29∶1法则，意思是300起隐患或违章中必然有29起轻伤或故障，另外还有1起重伤、死亡或重大事故。也就是说，每一起重大事故背后，都经历了29起轻伤事故和300次隐患或违章。例如，一名司机驾车时，每发生300次酒驾的不安全行为，就可能发生29起一般交通事故和1起重大交通事故。也可以这样理解：每300名司机发生酒驾的不安全行为，就会发生29起一般交通事故和1起重大交通事故。这个法则说明多次潜在事故必然会导致重大事故的发生，要防微杜渐，只有减少和消除无伤害事故隐患，才能防止重大事故的发生。

(二)劳动安全

1. 劳动安全

劳动安全是指劳动者在生产劳动过程中的安全和健康没有受到威胁,不存在危险、危害的隐患,是免除了不可接受的损害风险的状态。对于劳动安全的含义,不仅需要从保障劳动安全的多重主体立场去理解,还要了解劳动安全问题产生的原因。从不同主体来看,劳动安全保护是劳动者依法获得的基本劳动权利之一,在生产劳动过程中劳动者有权要求用人单位提供安全卫生的劳动条件,以保护自身的生命和健康;加强劳动保护,实现安全生产,保护劳动者生命和身体健康是用人单位应尽的法律义务;国家可以制定一系列劳动保护的法律法规,督促用人单位履行法律责任,保障劳动者的劳动安全。

2. 安全设施与安全标志

保障劳动安全是劳动者的权利,政府和企业有义务依法提供符合安全卫生标准的劳动条件。为了培养自己的劳动安全意识,大学生要了解必要的劳动安全知识,主要包括识别安全设施、安全色与安全标志。

(1)安全设施。日常生活中经常能够见到的灭火装置、消防应急照明、安全疏散指示标志、安全护栏等都属于安全设施。在安全生产领域,安全设施是指企业在生产经营活动中,将危险、有害因素控制在安全范围内,以及为减少、预防和消除危害所配备的装置、设备和采取的措施。

安全设施分为三类:一是预防事故设施,包括检测和报警设施(如感烟器)、设备的安全防护(如防护罩)、作业场所的防护(如防护栏、防护网)、防爆设施、安全警示标志等;二是控制事故设施,包括泄压和止逆设施(如泄压阀、止逆阀)、紧急处理设施(如备用电源、紧急停车装置);三是减少与消除事故影响的设施,包括防火设施(如防火门)、灭火设施、应急救援设施、逃生避难设施、劳动防护用品和装备。

(2)安全色与安全标志的识别。安全色与安全标志是在特定的工作环境中,为了提醒劳动者做好防护而设置的。每一种安全色、每一个安全标志都具有特定的含义，须要正确识别。

安全色

按照我国安全色标准规定，安全色有红色、蓝色、黄色、绿色四种。红色表示禁止、停止，用于禁止标志。例如，机器设备上的紧急停止手柄或按键，以及禁止触动的部位都使用红色。红色有时也用于防火。蓝色表示指令，必须遵守。黄色表示警告和注意。如工厂内，危险机器和警戒线、行车道的中线、安全帽等都使用黄色。绿色表示安全状态或可以通行。例如，车间内的安全通道、行人和车辆通行标志、消防设备和其他安全防护设备都使用绿色。

安全标志

安全标志分为禁止标志、指令标志、警告标志和提示标志四类。安全标志牌须放在醒目的位置。

第一，禁止标志：禁止人们的不安全行为。其基本形式为带斜杠的圆形框，圆环和斜杠为红色，图形符号为黑色，衬底为白色。

第二，指令标志：强制人们必须做出某种动作或采用防范措施。其基本形式为圆形边框，图形符号为白色，衬底为蓝色。

第三，警告标志：提醒人们注意周遭环境，以避免可能发生的危险。其基本形

式为正三角形边框,三角形边框及图形符号为黑色,衬底为黄色。

第四,提示标志:向人们提供某种信息,如标明安全设施或场所,其基本图形是正方形边框,图形符号为白色,衬底为绿色。

二、劳动保护

> 权利永远不能超出社会的经济结构以及由经济结构所制约的社会的文化发展。
>
> ——[德]马克思

(一)劳动保护

1. 劳动保护概述

劳动保护是国家和单位为保护劳动者在劳动生产过程中的安全和健康所采取的立法、组织和技术措施的总称。它是指根据国家法律、法规,依靠技术进步和科学管理,采取组织措施和技术措施,消除危及人身安全健康的不良条件和行为,防止事故和职业病,保护劳动者在劳动过程中的安全与健康,其内容包括劳动安全、劳动卫生、女工保护、未成年工保护、工作时间与休假制度。

劳动保护的特征:受保护者是劳动者,保护者是用人单位;保护的对象是劳动者的安全和健康;保护的范围仅限于劳动的过程。

2. 劳动保护用品

劳动保护用品对于预防事故伤害和减少职业危害具有重要意义。为了提高劳动安全意识,我们不仅要了解劳动岗位需要什么样的劳动保护用品,还要了解劳动保护用品的正确佩戴和使用方法。我国实行以人体防护部位为依据的分类标准,将劳动保护用品分成九类(见表8-2)。

表8-2 个人劳动保护用品及其使用

个人防护用品类型	举例	作用及使用要求
头部防护用品	安全帽、防寒帽等	为了防御外来物体对头部的打击,安全帽要有帽壳、帽衬、帽带、后箍,戴帽时必须系好帽带;帽内缓冲衬垫的带子要结实,人的头顶与帽内顶部间隔不能小于32毫米;每次使用前应认真检查,若发现有破损情况,须立即更换。进入施工现场,必须戴好安全帽

续表

个人防护用品类型	举例	作用及使用要求
呼吸器官防护用品	防毒面罩、防毒面具等	其作用为防止有害气体从呼吸道进入人体,或直接向使用者供氧及提供新鲜空气。其中,防尘口罩和防尘面罩可有效防止粉尘的吸入,而防毒面具则可以防止有毒气体、蒸汽、毒烟等的吸入。使用防毒面具要注意正确选择防毒滤料
眼(面)部防护用品	焊接护目镜及面罩等	用于预防烟、尘、金属火花、飞屑、化学品飞溅等伤害眼睛或面部
听觉器官防护用品	耳塞和防噪声头盔等	预防噪声对人体的不良伤害
手部防护用品	防酸碱手套、防寒手套、绝缘手套等	在不适合用手直接接触机械、机具、液体以及可能导致手部受伤的情况下,必须佩戴合适的手套。手套要与手型相符合,防止手套因过大而被卷入机器。操作各类机床或在有被压挤危险的地方作业时,严禁戴手套
足部防护用品	防水鞋、防寒鞋等	其作用是防止劳动过程中有害物质或外逸能量损伤劳动者的足部
防护服	防寒服、防水服等	用于保护劳动者免受生产环境中的物理、化学、生物等因素的伤害
护肤用品		防止皮肤外露部分(面部、手)受到化学、物理等因素的危害。主要作用是防晒、防射线、防油、防酸、防碱等
防坠落用品	安全帽、救生绳等	防止作业人员从高处坠落

劳动保护用品使用注意事项:第一,要根据作业场所的危害因素及其危害程度,正确选用防护用品。第二,要通过教育培训,做到"三会",即会检查防护用品的安全可靠性,会正确使用防护用品,会维护保养防护用品。第三,严禁故意或无故弃用防护用品,确保个人防护用品状况良好,如有损坏,应立即向管理人员报告,及时更换。第四,用于急救的呼吸器要定期检查,确保有效。同时,应将其妥善存放在可能发生事故的邻近处,以便取用。

3. 职业健康

(1)职业健康的概念。与职业健康相关或相似的概念有多种,比如职业卫生、工业卫生、劳动卫生等。《职业安全卫生术语》中将职业卫生定义为：职业卫生是对工作场所内产生或存在的职业性有害因素及其健康损害进行识别、评估、预测和控制的一门科学，其目的是预防和保护劳动者免受职业性有害因素所致的健康影响和危险，促进和保障劳动者在职业活动中的身心健康。

习近平总书记在党的十九大报告中提出实施健康中国战略，这是新时代健康卫生工作的行动纲领。2016年中共中央、国务院印发了《"健康中国2030"规划纲要》，提出要遵循"健康优先"原则，将健康摆在优先发展的战略地位，还明确指出要强化安全生产和职业健康。2019年，健康中国行动推进委员会发布了《健康中国行动（2019－2030年）》等相关文件，提出将实施15个重大专项行动，其中职业健康保护行动是重大专项行动之一。

职业健康符合我国健康中国发展战略，它使得职业卫生工作的目标不仅是针对由各种有害因素造成的职业病，还要关注工作条件对劳动者生理、心理的影响，关注劳动者在劳动过程中的舒适度。企业不仅要做好对粉尘、噪声等职业病危害因素的控制，而且要为劳动者提供舒适的工作环境，促进劳动者身心健康，使劳动者保持良好的社会适应状态。

（2）职业危害因素。职业危害因素又称职业性有害因素或职业病危害因素，是指在职业活动中产生和（或）存在的、可能对职业人群健康、安全和作业能力造成不良影响的因素或条件，包括化学、物理、生物等因素。《职业病危害因素分类目录》中将职业病危害因素分为6大类459种，包括52种粉尘（如矽尘、煤尘等）、375种化学因素（如铅、汞及其化合物等）、15种物理因素（如噪声、振动、高温等）、8种放射性因素、6种生物因素和3种其他因素。

职业危害因素按照来源可分为三大类：一是生产过程中的有害因素，主要是和生产工艺、设备、原辅料等有关的粉尘、化学因素、物理因素等危害因素；二是劳动过程中的有害因素，主要包括劳动组织不合理、劳动强度大、劳动时间长、长期不良体位等因素；三是劳动环境中的有害因素，主要包括厂房布局不合理、室外不良气象条件、室内不良照明及通风不畅等因素。

(3)职业病。职业病是指企业、事业单位和个体经济组织的劳动者在职业活动中,因接触粉尘、放射性物质和其他有毒有害物质等因素而引起的疾病。广义上讲,由职业有害因素引起的疾病统称为职业病。

《职业病分类和目录》将职业病分为 10 大类,包括职业性尘肺病及其他呼吸系统疾病 19 种、职业性皮肤病 9 种、职业性眼病 3 种、职业性耳鼻喉口腔疾病 4 种、职业性化学中毒 60 种、物理因素所致职业病 7 种、职业性放射性疾病 11 种、职业性传染病 5 种、职业性肿瘤 11 种、其他职业病 3 种。狭义上讲,职业病必须是《职业病分类和目录》里所列的职业病。

(4)职业禁忌证。职业禁忌证是劳动者从事特定职业或者接触特定职业性有害因素时,比一般职业人群更易于遭受职业危害、罹患职业病、可能导致自身原有疾病病情加重,或者在从事作业过程中诱发对劳动者生命健康构成危险的疾病的个人生理或病理状态。比如Ⅱ期高血压是噪声作业的职业禁忌证,长期在高噪声环境下,会使患有Ⅱ期高血压的劳动者病情加重,也就是说,相比于绝大多数人,患有Ⅱ期高血压的劳动者更容易遭受噪声伤害。因此,患有这一禁忌证的劳动者应调离该工作岗位。

(5)职业健康促进。职业健康促进又称工作场所健康促进,《职业健康促进名词术语》(GBZ/T296－2017)将其定义为:采取综合干预措施,以改善工作条件,改变劳动者不健康生活方式和行为,控制健康危险因素,预防职业病,减少工作有关疾病的发生,促进和提高劳动者健康和生命质量为目的的活动。劳动者在劳动过程中面临众多健康问题,除以上提到的职业危害因素之外,还面临压力大、心理紧张等因素的威胁。因此,开展职业健康促进活动能有效确保劳动者的安全和健康,从而提高企业生产效率,提升国民健康水平。

(二)劳动保障

1. 劳动保障概述

劳动保障是指为保护劳动者的基本权益所采取的一切措施和行为的总和。

劳动保障制度的目的就是为了保障劳动者的合法权益,这是它区别于其他调整劳动关系的法律制度所在。

劳动保障的内容是主体的独立人格、法律地位和物质利益。主体的独立人格是获得法律地位的前提,而独立的法律地位又是实现物质利益的前提。劳动保障首先要确立和维护劳动者、用人单位的独立人格和法律地位。劳动者要成为能够自由支配自己劳动力、享有自主择业权的主人;用人单位要成为能够自主经营、拥有用工自主权的市场主体。其次要保障主体的物质利益。维护主体独立人格和法律地位的目的是为了实现和保障主体的物质利益。

2. 劳动者的权利

(1)获得劳动保护。加强劳动保护、改善劳动条件是《中华人民共和国宪法》(以下简称《宪法》)赋予劳动者的基本权利,《中华人民共和国劳动法》(以下简称《劳动法》)规定,劳动者享有获得劳动安全卫生保护的权利。《中华人民共和国职业病防治法》(以下简称《职业病防治法》)也规定,劳动者依法享有职业卫生保护的权利。用人单位应当为劳动者创造符合国家职业卫生标准、卫生要求的工作环境和条件,并采取措施保障劳动者获得职业卫生保护。

(2)休息休假。保障劳动者休息休假的权利,使劳动者获得充足的休息时间,能够有效减少人的不安全行为,缩短劳动者接触有害因素的累计时间,从而降低事故和患职业病的风险。《劳动法》中对劳动者工作时间、休假节日和带薪年休假都有规定。用人单位因为生产经营需要延长工作时间的,须与工会、劳动者协商,并按照标准支付高于正常工作时间的劳动报酬。

(3)知情权。《安全生产法》规定,生产经营单位应当向劳动者如实告知作业场所、工作岗位存在的危险因素和职业病危害因素,以及相关防范措施和事故应急措施。《职业病防治法》规定,产生职业病危害的用人单位应当在醒目位置设置公告栏,公布有关职业病防治的规章制度、操作规程、职业病危害事故应急救援措施和工作场所职业病危害因素检测结果。对产生严重职业病危害的作业岗位,应当在其醒目位置设置警示标识和中文警示说明,载明产生职业病危害的种类、后果、预防以及应急救治措施等内容。劳动者享有了解工作场所产生或者可能产生的职业病危害因素、危害后果和应当采取的职业病防护措施的权利。

(4)拒绝权。《劳动法》规定劳动者对用人单位管理人员违章指挥、强令冒险作业,有权拒绝执行。《中华人民共和国劳动合同法》(以下简称《劳动合同法》)规定,劳动者拒绝用人单位管理人员违章指挥、强令冒险作业的,不视为违反劳动合同。《职业病防治法》规定,用人单位与劳动者订立劳动合同时违反相应规定的,劳动者有权拒绝从事存在职业病危害的作业,用人单位不得因此解除与劳动者所订立的劳动合同。同时,劳动者享有拒绝违章指挥和强令进行没有职业病防护措施的作业的权利。

(5)建议、批评、检举和控告权。《安全生产法》规定,生产经营单位的劳动者有权了解其作业场所和工作岗位存在的危险因素、防范措施及事故应急措施,有权对本单位的安全生产工作提出建议。劳动者有权对本单位安全生产工作中存在的问题提出批评、检举、控告;有权拒绝违章指挥和强令冒险作业。生产经营单位不得因劳动者对本单位安全生产工作提出批评、检举、控告或者拒绝违章指挥、强令冒险作业而降低其工资、福利等待遇或者解除与其订立的劳动合同。

(6)紧急撤离权。《安全生产法》规定,劳动者发现直接危及人身安全的紧急情况时,有权停止作业或者在采取可能的应急措施后撤离作业场所。生产经营单位不得因劳动者在前款紧急情况下停止作业或者采取紧急撤离措施而降低其工资、福利等待遇或者解除与其订立的劳动合同。

(7)参加教育和培训。《职业病防治法》规定,用人单位应当对劳动者进行上岗前的职业卫生培训和在岗期间的定期职业卫生培训,普及职业卫生知识。

(8)参加健康检查、防治和治疗。《职业病防治法》赋予劳动者享有获得职业健康检查、职业病诊疗、康复等职业病防治服务的权利。用人单位应对从事接触职业病危害的作业的劳动者进行健康监护,在劳动者上岗前、在岗期间、离岗时和应急时进行职业健康检查并建立职业健康监护档案。同时,劳动者享有查阅、复印职业健康监护档案的权利。

(9)特殊劳动保护。《劳动法》第58条规定,国家对女职工和未成年工实行特殊劳动保护。

为了减少和解决女职工在劳动中因生理特点造成的特殊困难,保护女职工健康,《女职工劳动保护特别规定》对用人单位的职责、相关部门的监督检查、女职工享有的产假及生育津贴等权益、女职工禁忌从事劳动的范围等都作了明确规定。

未成年工是指年满16周岁未满18周岁的劳动者。《未成年工特殊保护规定》明确规定了未成年工不能从事劳动的范围以及用人单位对未成年工定期进行健康检查的要求。

《职业病防治法》明确规定,用人单位不得安排未成年工从事接触职业病危害的作业;不得安排孕期、哺乳期的女职工从事对本人和胎儿、婴儿有危害的作业。

3. 劳动者的权利维护

(1)积极学习相关法律法规。学习与劳动安全和职业健康有关的法律法规,一方面,可以明确劳动者本人的权利和义务,还可以了解用人单位在保障劳动者安全健康权益方面的法律责任,以便劳动者知道自己的权益是否受到侵犯;另一方面,了解一些处理劳动保护争议的法律法规,以便劳动者在权益受到侵犯时,知道维护权益的途径。

(2)依法签订劳动合同。签订劳动合同对劳动者维护自身权益十分重要,劳动合同是认定劳动关系存在的最有力证据。尤其是很多职业病要多年后才会发病,一些职业病患者由于没有与用人单位签订劳动合同而陷入维权困局。劳动合同中应当有劳动保护、劳动条件和职业危害防护条款。用人单位未按照合同约定提供劳动保护或者劳动条件的,劳动者可以解除劳动合同。用人单位以违章指挥、强令冒险作业危及劳动者人身安全的,劳动者可以立即解除劳动合同,不需要事先告知用人单位。

(3)通过协商、调解、仲裁、诉讼维护劳动权益。当劳动者利益受到侵犯时,首先可以与用人单位协商解决问题。如通过协商仍未达成一致意见,劳动者可以向本单位的劳动争议调解委员会申请调解。企业劳动争议调解委员会由职工代表和企业代表组成。职工代表由工会成员担任或者由全体职工推举产生,企业代表由企业负责人指定。未达成调解协议或约定期限内不履行调解协议的,劳动者可以向当地人力资源和社会保障主管部门申请仲裁;如果对仲裁裁决不服,可以向人民法院提起诉讼,维护自身权益。

三、劳动纪律

> 劳动者的组织性、纪律性、坚毅精神以及同全世界劳动者的团结一致,是取得最后胜利的保证。
>
> ——[俄]列宁

(一)劳动安全规程

劳动安全规程,是指关于消除、限制或预防劳动过程中的危险和有害因素,保护职工安全与健康,保障设备、生产正常运行而制定的各种安全技术保护措施的规章制度。这些规程和标准是必须遵守和执行的。

劳动过程的复杂性,决定了劳动设备、劳动条件也具有复杂性。由于各行各业的生产特点和工艺过程有所不同,需要解决的劳动安全技术问题也有所不同。因此,国家针对不同的劳动设备和条件以及不同行业的生产特点,确定了适合各行业的安全规程。主要包括安全生产部门规章、职业卫生部门规章等。

1. 安全生产部门规章

安全生产部门规章是国务院有关部门根据安全生产规律、行政法规制定的有关安全生产的规范性文件(见表8-3)。

表 8-3　安全生产部门规章

序号	文件名称	文号	实行日期
1	生产安全事故信息报告和处置办法	国家安全生产监督管理总局令第 21 号	2009 年 7 月 1 日
2	建设项目安全设施"三同时"监督管理办法	国家安全生产监督管理总局令第 77 号	2015 年 5 月 1 日
3	生产经营单位安全培训规定	国家安全生产监督管理总局令第 80 号	2015 年 7 月 1 日
4	特种作业人员安全技术培训考核管理规定	国家安全生产监督管理总局令第 80 号	2015 年 7 月 1 日
5	安全生产培训管理办法	国家安全生产监督管理总局令第 80 号	2015 年 7 月 1 日
6	煤矿安全规程	国家安全生产监督管理总局令第 87 号	2016 年 10 月 1 日
7	危险化学品安全使用许可证实施办法	国家安全生产监督管理总局令第 89 号	2017 年 3 月 6 日
8	生产安全事故应急预案管理办法	中华人民共和国应急管理部令第 2 号	2019 年 9 月 1 日
9	建筑施工企业安全生产许可证管理规定	中华人民共和国住房和城乡建设部令第 23 号	2015 年 1 月 22 日

2. 职业卫生部门规章

职业卫生部门规章是指由国务院所属部委在法律规定的范围内，依据职权制定、颁布的有关职业卫生管理的规范性文件(见表 8-4)。

表 8-4　职业卫生部门规章

序号	文件名称	文号	实行日期
1	职业健康检查管理办法	国家卫生健康委员会令第 2 号	2019 年 2 月 28 日
2	用人单位职业卫生监督执法工作规范	国卫监督发〔2020〕17 号	2020 年 8 月 31 日
3	工作场所职业卫生管理规定	国家卫生健康委员会令第 5 号	2021 年 2 月 1 日
4	职业病诊断与鉴定管理办法	国家卫生健康委员会令第 6 号	2021 年 1 月 4 日

续表

序号	文件名称	文号	实行日期
5	用人单位职业健康监护监督管理办法	国家安全生产监督管理总局令第49号	2012年6月1日
6	职业病危害项目申报办法	国家安全生产监督管理总局令第48号	2012年6月1日
7	防暑降温措施管理办法	安监总安健〔2012〕89号	2012年6月29日
8	职业卫生档案管理规范	安监总厅安健〔2013〕171号	2013年12月31日
9	用人单位职业病危害告知与警示标识管理规范	安监总厅安健〔2014〕111号	2014年11月13日
10	用人单位职业病危害因素定期检测管理规范	安监总厅安健〔2015〕16号	2015年2月28日
11	建设项目职业病防护设施"三同时"监督管理办法	国家安全生产监督管理总局令第90号	2017年5月1日
12	用人单位劳动防护用品管理规范	安监总厅安健〔2018〕3号	2018年1月15日
13	职业病分类和目录	国卫疾控发〔2013〕48号	2013年12月23日
14	职业病危害因素分类目录	国卫疾控发〔2015〕92号	2015年11月17日
15	高毒物品目录	卫法监发〔2003〕142号	2003年6月10日

（二）劳动纪律

1. 劳动纪律概述

劳动纪律是指人们在共同的劳动过程中，为取得行动一致，保证生产（或工作）过程实现所必须遵守的行为准则。它是人们从事社会劳动的必要条件。不论在什么生产方式下，只要进行共同劳动，就必须有劳动纪律。否则，集体生产便无法进行。在不同的社会制度下，劳动纪律的社会性质是不相同的。农奴制下的劳动纪律是靠棍棒维持的；资本主义制度下的劳动纪律是靠饥饿、威胁维持的；社会主义制度下的劳动纪律是劳动者共同利益和意志的体现,主要靠广大劳动者的高度自觉,辅以强制性加以维持。

社会主义的劳动纪律体现了工人和集体农民的共同利益,它再也不是来自外部的一种强制力量,而是劳动者为了把集体生产搞好而自觉建立的。正因为是劳动者自己建立的,所以这种劳动纪律便自然地为劳动者所乐于遵守和认真执行。社会主义的劳动纪律是人类历史上最新型的劳动纪律。

这里必须强调一个问题,即不是一进入社会主义社会,人们一下子就有了坚定的社会主义立场和信念,具有自发的社会主义觉悟。尤其是社会主义不是在全世界普遍取得胜利的情况下,一个国家社会主义制度的巩固,需要伴随全世界普遍建立社会主义制度这样一个漫长的过程,而要使从旧社会过来的人们的觉悟始终符合社会主义要求,使被打倒阶级的人们发自内心地拥护社会主义制度,使每一个人都不受强大的国际资本主义意识形态的渗透与影响,需要不断强化对工人、农民的主人翁教育。

正因为此,社会主义的劳动纪律仍然带有一定的强制性,对于违反劳动纪律的行为,必须进行教育,甚至给予相应处罚,如果有纪律不遵守,任意违反,就等于没有纪律,结果必然会从根本上损害劳动者的利益。为了保证社会主义革命和建设事业的顺利发展,必须不断巩固和加强社会主义的劳动纪律。

现阶段,劳动纪律又称职业纪律,是用人单位制定的用来规范和约束劳动者的劳动及相关行为的。劳动纪律是用人单位为形成和维持生产经营秩序,保证劳动合同得以履行,要求全体员工在集体生产、工作、生活过程中,以及与生产、工作紧密相关的其他过程中必须共同遵守的规则。从其内涵可知,劳动纪律的目的是保证生产、工作的正常运行;劳动纪律的本质是全体员工共同遵守的规则;劳动纪律的作用是实施于集体生产、工作、生活过程之中的。

2. 劳动纪律的内容

(1)严格履行劳动合同及违约应承担的责任(履约纪律)。

(2)按规定的时间、地点到达工作岗位,按要求请休事假、病假、年休假、探亲假等(考勤纪律)。

(3)根据生产、工作岗位职责及规则,按质按量完成工作任务(生产、工作纪律)。

(4)严格遵守技术操作规程和安全卫生规程(安全卫生纪律)。

(5)节约原材料、爱护用人单位的财产和物品(日常工作生活纪律)。

(6)保守用人单位的商业秘密和技术秘密(保密纪律)。

(7)遵纪奖励与违纪惩罚规则(奖惩制度)。

(8)与生产、工作紧密相关的规章制度及其他规则(其他纪律)。

从列举的八项劳动纪律内容看,用人单位可以从五个方面来制定规章制度,即:劳动合同管理(或称人事管理)、考勤与休假、生产与工作、奖励与惩罚、其他。

3. 劳动纪律的制定

《最高人民法院关于审理劳动争议案件适用法律若干问题的解释》对劳动纪律的生效作了十分明确的规定。一是内容合法,二是程序合法。因此在制定劳动纪律时要注意以下事项:劳动纪律不得与法律相抵触。用人单位有用工自主权,制定劳动纪律是用工自主权的集中体现,因此,法律承认合法制定的劳动纪律具有法律效力,可以作为法院审判的依据。但《劳动法》是对劳动关系过程进行严格控制的法律规范,这反映在制定劳动纪律上,法律有相当明确的要件要求。劳动纪律制定的首要条件就是,不得与《劳动法》的有关规定相抵触。这就要求劳动纪律的制定者对劳动法律法规相当熟悉。另外,在具体制定劳动纪律时,也要注意以下几点。

(1)劳动纪律的制定应当合理。有些用人单位抱着钻法律空子的想法,在劳动纪律中作了一些虽不违法但有违人情的规定。本质上,合理性是合法性的基础,因此对一些明显不合理的内容,法官也可依据自由裁量权,裁定无效。如某企业规定:员工见到上级不主动打招呼的,可处以警告甚至扣奖金的处罚。这一劳动纪律明显违反了合理性原则,应属无效。

(2)劳动纪律必须表述清楚,不能留有漏洞。劳动纪律具有准劳动法规的效力,因此,在制定时尤其应注意其严密性,防止条款间的冲突。有很多劳动纪律都存在诸如:"其他严重违反劳动纪律的行为等"的条款,这些语焉不详的条款,看似扩大了管理范围,其实是无效的。一旦用人单位按照这样的条款来处理员工,其结果往往是使自己陷入失败的诉讼。

(3)劳动纪律应当适用于实际工作。劳动纪律主要针对生产管理中的具体行为,不应过于原则、宽泛。且应注意避免涉及员工隐私。

(4)劳动纪律应当经过民主程序制定。劳动纪律应根据企业实际情况制定,不能套用。在劳动纪律制定过程中须将制度草案交由实际操作部门审核。在劳动纪律起草过程中应征求工会、员工代表的意见。劳动纪律起草完成须以合适的方式予以公布。

(5)劳动纪律应当公示。常见的公示方法包括公布、培训、员工签字、企业发文、办公会议讨论、职代会通过、内部局域网发布、公证、刊登于内刊厂报等。

(三)遵守劳动安全规程和劳动纪律

1. 遵守劳动安全卫生操作规程是劳动者应尽的义务与责任

在社会主义制度下,劳动者的权利和义务相互依存,不可分离,两者是统一的,任何权利的实现总要以义务的履行为条件。认真学习《劳动法》,不断增强劳动法律意识,劳动者才能懂得依法维护自己的合法权益。

《劳动法》规定:劳动者在劳动过程中必须严格遵守安全操作规程。国家规定的安全卫生操作规程,是劳动者在劳动过程中生命安全、身体健康的法律保证,也是进行正常的生产活动、维护企业正常运转的保障。劳动者在劳动过程中既享有劳动保护的权利,又负有执行劳动安全卫生操作规程的义务。劳动者只有严格遵守安全卫生方面的规定,文明生产、安全生产,才能保证生产顺利进行,劳动者自身的生命安全和身体健康也才有切实保障。

劳动者在劳动过程中自觉执行劳动安全卫生操作规程,必须做到以下几点。

(1)遵守劳动纪律。劳动纪律是组织社会劳动的基础,是进行共同工作所必需的。它要求劳动者在共同的劳动过程中遵守一定的规则和秩序,听从管理者的指挥和调度。它是每个劳动者按照规定的时间、质量、程序和方法完成自己所承担的生产任务或工作任务的行为准则。

(2)遵守职业道德。职业道德是所有从业人员在职业活动中应该遵循的行为准则,涵盖了从业人员与服务对象、职业与职工、职业与职业之间的关系。我国的职业道德,是以为人民服务为核心的社会主义道德在职业活动中的体现。其基本要求是爱岗敬业、诚实守信、办事公道、服务群众、奉献社会。

(3)执行劳动安全卫生操作规程。执行劳动安全卫生操作规程不仅对劳动者的生命和健康有利,也能防止、消除生产过程中的各种职业危害,保证生产顺利进行。

2. 遵守日常安全防范措施是大学生劳动保护的重要内容

大学生应当经常参加生产劳动,学习并掌握一定的劳动技能,培养热爱劳动的品德。参加劳动时,大学生一定要把安全放在第一位,做到遵守纪律、服从管理、听从指挥,不要随意行动。更不要用劳动工具追逐打闹,以防对自己和他人造成伤害。

大学生在进行劳动时应该如何保护自己的安全呢?一是服装得体。要换上适合劳动的服装,服装以透气、舒适为宜。二是正确使用工具。要熟悉劳动工具的使用方法,避免因方法不当而对自己或他人造成伤害。三是了解安全常识。在做准备工作时最重要的一项,就是了解该项劳动的安全常识,避免在劳动过程中发生危险情况。四是遵守劳动纪律。劳动时不和同学玩耍、打闹,特别是使用劳动工具时严禁嬉戏、追逐、打闹;必须在指定范围内参加劳动;不擅自改变劳动的有关规定,服从分配听指挥。五是虚心请教。掌握劳动要领不仅能提高劳动的速度和质量,而且能避免事故的发生,要认真听取老师或师傅的讲课,记住劳动的程序,领会劳动的操作要领。在劳动过程中,虚心接受指导,及时改正不正确的动作,遇到不会操作的地方应及时请教。六是切忌蛮干,要量力而行。每个人的体质不同,力气有大有小,盲目蛮干会伤害身体。七是远离危险物品。劳动时不要接触有害物质,如硫酸、农药等,不随便触摸、玩弄电器及电源开关等。应远离没有防护装置的传送带、砂轮、电锯等危险劳动工具,以免发生意外。注意个人卫生,尤其是在劳动中接触农药等有害物质,要及时洗手,避免因不小心导致农药中毒。

劳动实践

安全消防演练

(一)任务概述

活动主题:了解消防知识,掌握灭火技能,树立安全意识。

活动内容:让学生深入了解消防器材及火灾事故应急知识,切实树立劳动安全意识,真正掌握工作劳动现场发生火灾事故应急扑救与救护的作业流程、注意事项,具备自救互救与处置突发事件的应变能力。本次实践活动模拟工作劳动现场突然发生火情,让学生学会正确使用消防器材的方法,为他们今后在日常工作和劳动中提升安全管理能力与素养打下基础。

(二)任务实施步骤

本次实践活动分三个阶段进行。

第一,准备和动员阶段。老师(最好是学院)从整体上对本次活动进行布置和安排,积极动员广大学生投身于本次实践活动。同时,对学生进行活动意义的宣传教育。强调本次活动是培养学生重视劳动安全、了解消防知识、掌握现场应急扑救技能的重要途径。

第二,具体实施阶段。

(1)准备即将到期的4公斤干粉灭火器6个、柴油1桶(约5升)、铁盆2个、破损棉被或木块等,用于现场演练。

(2)学院安排空旷场地,布置火情模拟现场。

(3)由掌握消防专门知识的老师或保卫处同志担任指导老师,现场讲解干粉灭火器的使用方法、分解动作及注意要领。

(4)学生按照讲解方法模拟操作,指导老师现场纠正学生在操作过程中的手法、动作错误,然后每位学生使用干粉灭火器扑灭着火点火焰。

(5)指导老师现场点评,提醒学生日常注意事项及其他消防知识。

(6)组织学生清理火场,消除安全隐患。

3.考核总结阶段。根据学生实践效果,由指导老师评定成绩,并将其纳入劳动考核成绩。

(三)任务实施过程提示

(1)注意遵守劳动安全纪律。

(2)认真学习消防器材的使用要领和注意事项,掌握日常工作防火知识,了解火情扑救的方法及注意事项。

(3)在学校保卫处相关老师的专业指导下,安全高效地开展活动。

(四)任务评价

(1)本次任务是否提前布置?　　　　①是____ ②否____

(2)本次活动策划是否规范、完整?　　①是____ ②否____

(3)劳动过程是否有活动记录?　　　　①有____ ②没有____

(4)本次活动有没有取得预期效果?　　①有____ ②没有____

(5)对活动作出评价,评分标准如下:

"安全消防演练"活动评价标准

评价标准	分值	分数小计	教师评价
场地、器材准备符合标准	20分		
积极认真参加活动全过程	20分		
灭火操作遵循流程、符合规范	20分		
注意消除安全隐患	20分		
班级交流	20分		

(五)任务小结

本次劳动探索的目的是让学生了解消防知识,掌握火灾应急扑救技能,培育日常安全意识,提高处置突发事件的应变能力,以进一步培养今后工作的职业素养。

第八章 劳动安全与保护

【学习反馈】

(1)学习本章内容后,我的心得体会:

(2)学习本章内容后,我还想了解的相关知识点:

(3)学习本章内容后,我对劳动安全与保护的新认识:

第九章
劳动法规与保障

学习目标

理解劳动法的概念及其重要意义,了解劳动法律关系的特点,掌握劳动合同和劳动保障法的基本规定,熟知劳动争议的解决途径,树立牢固的劳动法治观念,提升分析和解决实际问题的能力。

> **劳动榜样**

用法律和大爱伸张正义——劳动模范修保律师依法维权[①]

修保律师,是吉林保民律师事务所主任。他曾获得"全国五一劳动奖章""全国劳动模范""全国法律援助先进个人""全国维护职工权益杰出律师"等荣誉称号。2016年他又被评为"全国优秀律师"。

修保律师坚持"为人以善、德济天下"的人生信条,用法律知识和大爱情怀伸张正义,义无反顾,甘做劳动群众依法维权的守护者。从业27年来,修保律师把困苦无助的法律求助者当成亲人,运用法律知识,坚定地走在为劳动群众提供司法援助的道路上,主动接过一个个别人不愿或不敢触碰的"烫手山芋"。为一名女工维权,官司一打就是7年。他对女工说:"没钱我给你出。相信我,咱们占理的事,哪怕10年我也要替你一打到底!"

他知难而进、依法息访,甘当社会和谐稳定的"稳压器"。2011年,他拿出20多万元,组织律师和法律专家开办吉林市信访法律事务服务中心,开律师依法参与信访工作的先河。多年来,该中心共受理各类涉法信访案件近400件,接受咨询和为涉法信访人提供法律服务4200多人次。

多年来,修保律师义务代理经济和劳动纠纷案件400余起,累计为3万多名下岗职工、困难群众讨回赔偿、补偿款和社保、退休金近2亿元,为国家、个人挽回经济损失10多亿元。他热心公益事业,累计资助捐款80多万元,被人们亲切地称为"平民律师""人民卫士"。

一、劳动法与劳动合同

> 任何一个民族,如果停止劳动,不用说一年,就是几个星期,也要灭亡,这是每一个小孩都知道的。
>
> ——[德]马克思

[①] 《全国助人为乐模范候选人》,《经济日报》,2015年6月24日,有删改。

劳动法与每个劳动者都密切相关。劳动法能够协调劳动关系，调动劳动者的生产积极性，促进经济发展与社会进步，关系国家富强和民族兴衰，在社会生活及法律体系中具有重要地位。

（一）劳动法概述

狭义的劳动法，是指国家最高立法机关制定的综合性劳动法典，如我国1995年施行的《劳动法》。广义的劳动法不仅包括狭义的劳动法，还包括宪法、其他法律法规中涉及劳动关系的法律规范。劳动法是调整劳动关系以及与劳动关系密切联系的其他社会关系的法律规范的总和。其内容主要包括劳动就业、劳动合同、工作和休息时间、工资、劳动安全、劳动保护、职业培训、社会保险与福利、劳动争议处理、劳动法律监督、法律责任等，上述一系列相关法律法规，构成劳动法的完整体系。

1. 劳动法的调整对象

劳动法的调整对象为劳动关系以及与劳动关系密切联系的其他社会关系。

劳动关系是劳动法的主要调整对象，但不是所有与劳动有关的社会关系都由劳动法来调整。它所调整的是在实现劳动过程中劳动者与用人单位间发生的社会关系，即劳动者提供劳动，用人单位使用该劳动并支付报酬而产生的权利义务关系。与劳动关系有着密切联系的其他社会关系，主要有劳动行政关系、社会保险关系、劳动法制监督关系、劳动争议处理关系等。

2. 劳动法的实施范围

《劳动法》第2条规定："在中华人民共和国境内的企业、个体经济组织（以下统称用人单位）和与之形成劳动关系的劳动者，适用本法。国家机关、事业组织、社会团体和与之建立劳动合同关系的劳动者，依照本法执行。"由此可见，《劳动法》的实施范围包括我国各类性质企业的劳动关系，既适用于国有和集体企业，又适用于外资企业、私营企业和个体经济组织；而对于国家机关、事业组织、社会团体，《劳动法》的实施范围仅限于和这些用人单位建立劳动合同关系的劳动者，不包括这些用人单位的一般职工。如国家机关公务员,其权利义务由《中华人民共和国公务员法》来调整。随着社会经济的发展、劳动关系的变化,《劳动法》的适用范围会逐步扩大。

(二)劳动法律关系

劳动法律关系是指劳动者与用人单位依据《劳动法》,在实现劳动过程中形成的权利与义务关系,是劳动关系在法律上的体现。

1. 劳动法律关系的特点

(1)劳动法律关系不等同于劳动关系。劳动关系是社会生产关系的组成部分。劳动法律关系则是指劳动关系受劳动法调整而形成的当事人双方的权利与义务关系。

(2)劳动法律关系与民事劳务关系有区别。两者的性质、内容、法律依据等均不相同。民事劳务关系的一方,不是对方当事人的职工,不享受该单位的职工权利,也不承担职工义务。如在民事承揽关系中,承揽人不是定做人单位的职工,只是依约完成某一具体工作,无须遵守定做人单位的内部规章制度,也无权享受其为职工提供的劳动条件、福利待遇等。

(3)受法律确认和保护的合法劳动关系,才能成为劳动法律关系。如雇用童工或强制他人劳动等,这种劳动关系必须取缔,甚至要受到法律的制裁。

2. 劳动法律关系的要素

劳动法律关系须具备主体、内容和客体三要素。

(1)劳动法律关系主体,就是依《劳动法》享有权利与承担义务的劳动法律关系参与者,包括自然人和法人。自然人包括本国公民和外国人。法人在我国,是指有法人资格的企业、事业单位、国家机关、社会团体、个体经济组织。

(2)劳动法律关系内容,是指劳动法律关系主体双方依法享有的权利和承担的义务。《劳动法》规定:劳动者享有平等就业和选择职业、取得劳动报酬、休息休假、获得劳动安全卫生保护、接受职业技能培训、享受社会保险和福利、提请劳动争议处理等权利。《劳动法》还规定:劳动者应承担完成劳动任务、提高职业技能、执行劳动安全卫生规程、遵守劳动纪律和职业道德等义务。劳动者的权利,即是用人单位的义务;劳动者的义务,则是用人单位的权利。用人单位应依法建立和完善规章制度,保证劳动者享有劳动权利和履行劳动义务。

(3)劳动法律关系客体,是指劳动法律关系主体双方权利和义务共同指向的劳动活动。对劳动者来说,劳动法律关系客体即劳动者通过用人单位组织的各种劳动活动,创造物质和精神财富。对用人单位来说,劳动法律关系客体即通过组织劳动活动,获取经济效益,并由此提升劳动者的生活水平。

3. 劳动法律关系的产生、变更、消灭

构成劳动法律关系产生、变更和消灭的依据,是劳动法律事实,分为事件和行为。劳动法律事实只限于主体双方合法一致的意思表示的法律行为。劳动者与用人单位订立劳动合同,就是产生劳动法律关系的法律事实。在引起变更、消灭劳动法律关系的法律事实中,除双方合法一致的意思表示(如职工申请调动工作取得单位同意)外,事件也可引起劳动法律关系的变更、消灭。如职工因疾病需要调动工作而引起劳动法律关系的变更、因职工死亡而引起劳动法律关系的消灭等。违法行为也可引起劳动法律关系的变更、消灭。如会计人员因贪污而被调离会计岗位,引起劳动法律关系的变更;职工因违反劳动纪律,造成重大伤亡事故,被开除或判刑,而引起劳动法律关系的消灭。

(三)劳动合同法

劳动合同是劳动者与用人单位确立劳动关系的法律形式和法律依据。

1. 劳动合同的特征

(1)主体的特定性。劳动合同的主体是特定的个人和组织。在我国,劳动力提供方,只能是劳动者;劳动力的使用方,只能是用人单位。

(2)主体之间的法律从属性。合同主体间存在法律从属性,是劳动合同最本质的特性。表现为:劳动者是用人单位内部一员,负有按单位指示完成劳动任务

的义务,双方在劳动过程中是管理与被管理的关系。

(3)劳动合同履行的持续性。劳动合同的履行是一个持续性过程。这一特点决定了合同履行期间当事人之间要尽可能保持和谐合作状态,以实现订立合同的目的。

(4)劳动合同内容的强制性。劳动合同的内容,首先要符合法律的强制性规范,在此基础上当事人间再协商确定。如协商工资须遵守最低工资的法律规定。

2. 劳动合同的种类

(1)以期限为标准,可分为固定期限、无固定期限和以完成一定工作为期限的劳动合同。固定期限劳动合同是指双方事先约定合同终止时间的劳动合同。无固定期限劳动合同是指双方事先不约定终止时间的劳动合同。只要不发生法定的解除情形,劳动合同关系就一直持续到劳动者退休或用人单位不存在之日。以完成一定工作为期限的劳动合同,是指双方约定以某项工作的完成为期限的劳动合同。一般适用于铁路、公路、建筑等工程项目。

(2)以工作时间长短为标准,可分为全日制劳动合同和非全日制劳动合同。全日制劳动合同,一般每天或每周工作时间按法定工作时间来计算。在我国,按每天8小时或每周40小时工作制来计算,劳动报酬一般实行月薪制。它是我国劳动合同的主流形式。

非全日制劳动合同,是指劳动者的工作时间未达到法定工作时间的用工形式。在我国,劳动者在同一用人单位平均每日工作时间不超过4小时、每周累计不超过24小时的,才属于非全日制用工,一般按小时计酬。

(3)以用人单位类型为标准,可分为劳动合同和聘用合同。劳动合同适用于企业类用人单位。事业单位和社会团体招聘员工,一般订立聘用合同。聘用合同和劳动合同的实质相同,是确立被聘用人员和聘用单位之间劳动关系的法律依据。

3. 劳动合同的订立

劳动合同的订立是指劳动者和用人单位就双方权利、义务经协商一致,签订对双方具有约束力的劳动合同的法律行为。

(1)劳动合同的订立原则。《劳动合同法》第3条规定:订立劳动合同,应当遵循合法、公平、平等自愿、协商一致、诚实信用的原则。这不仅是双方当事人应当遵循的理念,还是决定劳动合同效力的关键因素。

(2)劳动合同订立的程序。劳动合同订立的程序,实践中通常由一方向对方发出订立劳动合同的意向信息。如用人单位发布招聘公告,劳动者寄发个人求职简历。依据《中华人民共和国民法典》(以下简称《民法典》)"合同"编的规定,这些均属要约邀请,还不能算作要约。实践中,要约通常表现为用人单位把签字盖过章的格式劳动合同交给劳动者,劳动者填写并签字后交还用人单位,劳动合同才算成立。也有用人单位先让劳动者签字,然后再在合同上签字盖章,此时劳动合同须在双方都签字或盖章后才能成立。

(3)劳动合同订立的形式。劳动合同订立的形式有书面和口头两种。书面劳动合同,当事人间的权利、义务明确,便于履行,一旦发生纠纷也有据可查,便于处理。口头劳动合同,虽灵活简便,但易发生纠纷,往往因凭证不足而增加争议处理的难度,尤其对维护劳动者合法权益不利。

我国《劳动法》和《劳动合同法》均强制要求以书面形式订立劳动合同。《劳动合同法》第10条规定:建立劳动关系,应当订立书面劳动合同。已建立劳动关系,未同时订立书面劳动合同的,应当自用工之日起一个月内订立书面劳动合同。用人单位与劳动者在用工前订立劳动合同的,劳动关系自用工之日起建立。其第14条规定:用人单位自用工之日起满一年不与劳动者订立书面劳动合同的,视为用人单位与劳动者已订立无固定期限劳动合同。其第82条规定:用人单位自用工之日起超过一个月不满一年未与劳动者订立书面劳动合同的,应当向劳动者每月支付二倍的工资。

4. 劳动合同的内容

劳动合同的内容是指通过劳动合同条款反映的当事人双方的权利和义务。它由法定内容和约定内容两部分组成。

(1)劳动合同的必备条款与约定条款。《劳动合同法》在《劳动法》的基础上，对劳动合同必备条款加以补充和发展，体现了对劳动者的倾斜保护。其第17条规定，劳动合同应具备以下必备条款：①用人单位的名称、住所和法定代表人或者主要负责人；②劳动者的姓名、住址、身份证件号码；③劳动合同期限；④工作内容和工作地点；⑤工作时间和休息休假；⑥劳动报酬；⑦社会保险；⑧劳动保护、劳动条件和职业危害防护；⑨法律、法规规定的其他事项。其第81条规定：劳动合同文本未载明本法规定的劳动合同必备条款或者用人单位未将劳动合同文本交付劳动者的，由劳动行政部门责令改正。可见，不能因为劳动合同中缺少某一方面内容就认为其必然无效。

劳动合同的约定条款是指法律没有强制要求，当事人间可依法协商确定的合同内容。如试用期、竞业限制、专业培训、补充社会保险与福利待遇等。约定条款也要在合法的前提下进行约定。

(2)劳动合同的期限。劳动合同的期限有三种：固定期限、无固定期限和以完成一定工作为期限。固定期限劳动合同的弊端是既不利于保护劳动者的就业稳定性(如短期合同)，又限制了当事人的自由选择权(如长期合同)，因而现在固定期限劳动合同在国际上受到普遍限制，一般用于临时性、替代性的岗位。无固定期限劳动合同基本上是劳动合同的常态。

《劳动合同法》第14条规定，除劳动者提出订立固定期限劳动合同外，用人单位应当订立无固定期限劳动合同的三种情形。①劳动者在该用人单位连续工作满10年的；②用人单位初次实行劳动合同制度或者国有企业改制重新订立劳动合同时，劳动者在该用人单位连续工作满10年且距法定退休年龄不足10年的；③劳动者没有严重违规并且能够胜任工作，连续订立二次固定期限劳动合同的。

该法明确鼓励使用无固定期限劳动合同，限制应用固定期限劳动合同，有利于防止用人单位滥用权力，同时并不限制劳动者解除合同的自由。这种既稳定又灵活的劳动关系机制，是劳动合同制度的精髓。

(3)试用期。试用期是劳动合同双方约定的一段互相考察的期限。一旦发现不合适，双方都享有随时解除劳动合同的权利。

《劳动合同法》将试用期长短与合同期限相挂钩,其第 19 条规定:劳动合同期限 3 个月以上不满 1 年的,试用期不得超过 1 个月;劳动合同期限 1 年以上不满 3 年的,试用期不得超过 2 个月;3 年以上固定期限和无固定期限的劳动合同,试用期不得超过 6 个月。禁止将劳动合同期限完全约定为试用期,同一用人单位与同一劳动者只能约定一次试用期。第 20 条规定:劳动者在试用期的工资不得低于本单位相同岗位最低档工资或者劳动合同约定工资的百分之八十,并不得低于用人单位所在地的最低工资标准。它强化了对试用期的规范,以防止用人单位滥用试用期来侵犯劳动者的合法权益。

(4)培训条款。培训条款是指用人单位花费资金对劳动者进行专项技术培训,有权与该劳动者约定在合同期限后需再为单位工作一定时间的协议。

《劳动合同法》第 22 条规定:劳动者违反服务期约定的,应当按照约定向用人单位支付违约金。违约金的数额不得超过用人单位提供的培训费用,也不得超过服务期尚未履行部分所应分摊的培训费用。

(5)竞业限制协议。竞业限制是指负有保守用人单位商业秘密的劳动者在解除或终止劳动合同后的一定期限内,不得生产或经营与原单位有竞争关系的同类产品或业务,也不得到与原单位生产或经营同类产品、从事同类业务的有竞争关系的其他用人单位就职。为保证市场公平竞争,《劳动合同法》把竞业限制最长期限确定为 2 年。竞业限制的地域范围,以能与原单位形成实际竞争关系的地域为限。

(6)补充社会保险和福利待遇。我国已建立起多层次的社会保障制度,包括法定社会保险、单位补充社会保险和个人自愿商业保险。法定社会保险是最低层次的物质保障制度。用人单位除要为劳动者缴纳法定的基本养老保险、基本医疗保险、工伤保险、失业保险和生育保险的费用外,还可与劳动者就补充社会保险和福利待遇作出合同约定。如提供住房或津贴、负担家属医药费等。为劳动者提供更充分的物质保障,也是用人单位增强凝聚力的重要途径。

5. 劳动合同的无效认定及其处理

(1)劳动合同无效的种类。劳动合同的无效,分全部无效和部分无效。全部无效劳动合同包括:一是主体不合格,如使用童工的劳动合同完全无效;二是意思表示不真实,如采取欺诈、胁迫或乘人之危等手段订立的劳动合同;三是劳动合同订立的目的或标的违法,如订立从事盗版活动的劳动合同。全部无效劳动合同从订立时起即为无效。部分无效劳动合同,其部分违法内容不具法律效力,不影响其他内容的履行。

(2)劳动合同无效的确认与法律后果。劳动合同的无效,应由劳动争议仲裁机构或人民法院确认。劳动合同被确认无效后,劳动者已付出劳动的,用人单位仍要支付相应的劳动报酬。一方对此有过错的,赔偿另一方的损失;双方都有过错的,根据过错大小,共同承担责任。

6. 劳动合同的履行与变更

(1)劳动合同的履行。用人单位与劳动者应按劳动合同的约定,全面履行各自的义务。用人单位应向劳动者及时足额支付劳动报酬;用人单位应严格执行劳动定额标准,不得强迫或变相强迫劳动者加班;劳动者拒绝用人单位管理人员违章指挥、强令冒险作业的,不视为违反劳动合同;用人单位变更名称、法定代表人、主要负责人或投资人等事项,不影响劳动合同的履行;用人单位发生合并或分立等情况,原劳动合同继续有效,劳动合同由承继其权利义务的用人单位继续履行。

(2)劳动合同的变更。用人单位与劳动者协商一致可以变更劳动合同约定的内容。变更劳动合同,应采用书面形式。变更后的劳动合同文本由用人单位和劳动者各执一份。

7. 劳动合同的解除和终止

(1)劳动合同的解除。劳动合同的解除是指在合同有效期届满或履行完毕前,双方或单方结束劳动合同效力的法律行为。双方协商解除是指当事人协商一致,既是劳动合同协商解除的程序,又是协商解除的条件。用人单位向劳动者提出解除劳动合同并与劳动者协商一致的,用人单位应向劳动者支付经济补偿金。用人单位的单方法定解除可分为两类。

一是基于劳动者个人原因的解除,分为过错性解除和非过错性解除两种。《劳动合同法》第39条规定了用人单位可提出解除劳动合同的几种情形:第一,在试用期间被证明不符合录用条件的;第二,严重违反用人单位的规章制度的;第三,严重失职,营私舞弊,给用人单位造成重大损害的;第四,劳动者同时与其他用人单位建立劳动关系,对完成本单位的工作任务造成严重影响,或者经用人单位提出,拒不改正的;第五,以欺诈、胁迫的手段或者乘人之危,使用人单位在违背真实意思的情况下订立或变更劳动合同的;第六,被依法追究刑事责任的。由于劳动者有严重过错,甚至给用人单位造成了经济损失,用人单位因此合法解除劳动合同的,对劳动者不承担任何责任,无须遵守预告期规定,也无须支付经济补偿金。《劳动合同法》第40条规定,有下列情形之一的,用人单位可以解除劳动合同,但应提前30日以书面形式通知劳动者本人:第一,劳动者患病或者非因工负伤,在规定的医疗期满后不能从事原工作,也不能从事由用人单位另行安排的工作的;第二,劳动者不能胜任工作,经过培训或者调整工作岗位,仍不能胜任工作的;第三,劳动合同订立时所依据的客观情况发生重大变化,致使劳动合同无法履行,经用人单位与劳动者协商,未能就变更劳动合同内容达成协议的。劳动者能否胜任工作,用人单位要根据事先建立的合法科学的内部考核制度来考察,不能仅根据领导意见或少数人主观印象得出结论。用人单位合法单方解雇,因具有客观原因,劳动者无行动上过错,需给予劳动者经济补偿金。

二是与劳动者无关原因的解除——经济性裁员。需要裁减人员20人以上或者裁减不足20人但占企业职工总数10%以上的,用人单位提前30日向工会或者全体职工说明情况,听取工会或者职工的意见后,裁减人员方案经向劳动行政部门报告,可以裁减人员。用人单位经济性裁员适用的情形包括:依照企业破产法规定进行重整的;生产经营发生严重困难的;企业转产、重大技术革新或者经营方式调整,经变更劳动合同后,仍需裁减人员的;其他因劳动合同订立时所依据的客观经济情况发生重大变化,致使劳动合同无法履行的。

劳动者合法单方解除劳动合同又称为辞职,只要劳动者自愿单方提出,无须用人单位同意,但应书面提前告知用人单位,用人单位可以不支付经济补偿金。《劳动合同法》第37条规定:劳动者提前30日以书面形式通知用人单位,可以解除劳动合同。劳动者在试用期内提前3日通知用人单位,可以解除劳动合同。劳动者被迫辞职是指在用人单位违法的情形下,劳动者被迫提出解除劳动合同。

《劳动合同法》第 38 条规定了两种情形：一是用人单位违反《劳动法》关于工资、劳动条件、社会保险等方面规定，应在补足劳动者工资等待遇的差额外，还应支付经济补偿金。二是用人单位强迫劳动，应赔偿给劳动者造成的损失。

(2) 劳动合同的终止。劳动合同的终止是指劳动合同因期满或主体消失等法定情形而导致其法律效力的消灭。《劳动合同法》第 44 条规定，有下列情形之一的，劳动合同终止：①劳动合同期满的；②劳动者开始依法享受基本养老保险待遇的；③劳动者死亡，或者被人民法院宣告死亡或者宣告失踪的；④用人单位被依法宣告破产的；⑤用人单位被吊销营业执照、责令关闭、撤销或者用人单位决定提前解散的；⑥法律、行政法规规定的其他情形。

(3) 经济补偿金。经济补偿金，是指当劳动合同由于劳动者行为过错以外的原因而解除或终止时，由用人单位一次性支付给劳动者的一笔金钱。《劳动合同法》第 47 条规定，经济补偿按劳动者在本单位工作的年限，每满 1 年支付 1 个月工资的标准向劳动者支付。6 个月以上不满 1 年的，按 1 年计算；不满 6 个月的，向劳动者支付半个月工资的经济补偿。其中的月工资是指劳动者在劳动合同解除或终止前 12 个月的平均工资。劳动者月工资高于用人单位所在直辖市、设区的市级人民政府公布的本地区上年度职工月平均工资 3 倍的，按职工月平均工资 3 倍的数额支付，经济补偿的年限最高不超过 12 年。

此外，《劳动合同法》还对集体合同和劳务派遣形式用工作了特别规定。

二、劳动就业与劳动保障

> 伟大的成绩和辛勤的劳动是成正比例的，有一分劳动就有一分收获，日积月累，从少到多，奇迹就可以创造出来。
>
> ——鲁迅

(一)劳动就业

劳动就业是指具有劳动权利能力和劳动行为能力并有就业愿望的公民获得有报酬的职业。

1. 劳动就业的特征

第一,主体必须是具有劳动权利能力和劳动行为能力的公民。在我国境内,一般指年满16周岁的公民。第二,主观上要有求职的愿望。如果主观上不具有求职的愿望,即使临时参加劳动,也不能算是就业。例如,在校学生的勤工俭学。第三,必须是获得劳动报酬或有经营收入的职业。这一点是它与义务劳动的区别。

2. 劳动就业的形式

目前我国劳动就业的形式主要有以下几种。

(1)劳动者与用人单位直接洽谈就业。例如,高校毕业生通过洽谈会与用人单位直接见面、洽谈,双向选择后实现就业。

(2)职业中介机构介绍就业。职业中介机构与劳动力供求双方沟通,进行职业指导,由双方订立劳动合同,实现就业。

(3)劳动者自己组织起来就业。劳动者在国家政策扶持下自愿组织起来,通过举办各种集体经济组织实现就业。例如,创办劳动服务企业,国家在资金、税收、场地等方面给予优惠和照顾。

(4)自谋职业。即劳动者以灵活自雇的方式实现就业,例如,劳动者从事个体经营。

(5)国家安置就业。目前国家对少数劳动者仍然负有保证其实现第一次就业的义务。例如,《中华人民共和国兵役法》第54条规定,军士退出现役,服现役满12年或者符合国家规定的其他条件的,由安置地的县级以上地方人民政府安排工作。

3. 劳动就业的基本原则

(1)公平就业原则。劳动者依法享有平等就业和自主择业的权利。政府、用人单位和职业中介机构应为劳动者创造公平就业的环境,向他们提供平等的就业机会和公平的就业条件,不得实施就业歧视。

(2)自主择业原则。公民可以根据自己的意愿和才能,并结合社会需要自主选择职业。

(3)照顾特殊和困难就业群体就业的原则。我国《劳动法》等法律法规对妇女、残疾人、少数民族人员、退役军人、失地农民和连续失业达一定时间人员等群体的就业作出了一些特殊的照顾规定。

(4)禁止16周岁以下的未成年人就业的原则。《劳动法》第15条规定:禁止用人单位招用未满16周岁的未成年人。文艺、体育和特种工艺单位招用未满16周岁的未成年人,必须依照国家有关规定,并保障其接受义务教育的权利。

(二)职工社会保险

社会保险是国家和社会对因丧失劳动能力、劳动机会而不能劳动或暂时终止劳动的劳动者,给予一定的物质帮助,使其至少能维持基本生活需要的制度。

依据2010年《中华人民共和国社会保险法》(以下简称《社会保险法》)的设计,社会保险制度体系的结构如下表所示:

表 9-1　社会保险制度体系

	职工社会保险	居民社会保险
基本养老保险	职工基本养老保险 (还覆盖灵活就业人员)	城镇居民社会养老保险 新型农村社会养老保险
基本医疗保险	职工基本医疗保险 (还覆盖灵活就业人员)	城镇居民基本医疗保险 新型农村合作医疗
工伤保险	工伤社会保险	
失业保险	失业保险	
生育保险	生育保险	

1. 职工基本养老保险

基本养老保险,是指劳动者在因年老或病残而丧失劳动能力的情况下,退出劳动领域,定期领取生活费用的一种社会保险制度。其享受条件主要是达到一定的退休年龄：(1)一般退休年龄，男60岁、女50岁（工人）和55岁（职员）。(2)提前退休年龄，国家公务员的提前退休年龄为，男55岁、女50岁；因从事有害身体健康的工作或工伤（职业病）致残而完全丧失劳动能力的职工，以及连续工龄满30年的国家公务员，退休不受年龄限制。(3)延迟退休年龄，高级专家经批准可延迟退休，但正职不超过70岁、副职不超过65岁。

基本养老金由统筹养老金和个人账户养老金组成，根据个人累计缴费年限、缴费工资、当地职工平均工资、个人账户金额、城镇人口平均预期寿命等因素确定。依《社会保险法》规定，养老保险基金统筹制度包括：(1)基本养老保险费由用人单位和职工共同缴纳，无雇工的个体工商户、未在用人单位参加基本养老保险的非全日制从业人员以及其他灵活就业人员的基本养老保险费由个人缴纳。(2)基本养老保险基金由用人单位和个人缴费以及政府补贴等组成，实行社会统筹与个人账户相结合。(3)个人跨统筹地区就业的，其基本养老保险关系按国务院规定转移接续，缴费年限累计计算。

2. 职工基本医疗保险

基本医疗保险是指保障劳动者及其供养亲属非因工患病或负伤后在医疗上获得物质帮助的一种社会保险制度。其保险待遇主要有：规定范围内的药品费用、检查费用和治疗费用、规定标准的住院费用。职工享受的医疗保险待遇，除完全丧失劳动能力者外，只限于规定的医疗期内。医疗期的长度根据职工本人连续工龄和本单位工龄分档次确定，最短不少于3个月，最长一般不超过24个月；难以治愈的疾病，经医疗机构提出，本人申请，劳动行政部门批准后，可适当延长医疗期，但延长期限最多为6个月。

基本医疗保险基金由统筹基金和个人账户构成。职工个人缴纳的基本医疗保险费，全部记入个人账户。用人单位缴纳的基本医疗保险费分为两部分：一部分用于建立统筹基金，一部分划入职工个人账户。划入个人账户的比例一般为用人单位缴费的30%左右，具体比例由统筹地区根据个人账户的支付范围和职工年龄等因素确定。

3. 工伤保险

工伤保险，是指职工因工致伤、病、残、死亡，依法获得经济赔偿和物质帮助的一种社会保险制度。《工伤保险条例》第14条规定，职工由于下列情形之一而伤亡的，应认定为工伤：(1)在工作时间和工作场所内，因工作原因受到事故伤害的；(2)工作时间前后在工作场所内，从事与工作有关的预备性或者收尾性工作受到事故伤害的；(3)在工作时间和工作场所内，因履行工作职责受到暴力等意外伤害的；(4)患职业病的；(5)因工外出期间，由于工作原因受到伤害或者发生事故下落不明的；(6)在上下班途中，受到非本人主要责任的交通事故或者城市轨道交通、客运轮渡、火车事故伤害的；(7)法律、行政法规规定应当认定为工伤的其他情形。

工伤保险待遇因不同情况可分为工伤医疗期保险待遇、工伤致残待遇和因工死亡待遇。

工伤医疗期保险待遇包含工伤职工符合规定治疗工伤或职业病所需的挂号费、住院费、医疗费等以及住院伙食补助费、交通费、停工留薪期工资等。工伤致残待遇，即工伤职工评定伤残等级后，按照《工伤保险条例》等规定享受一次性伤残补助金、伤残津贴等待遇。因工死亡待遇，即职工因工死亡后，其近亲属从工伤保险基金领取丧葬补助金、供养亲属抚恤金和一次性工亡补助金等待遇。到参加工伤保险的企业实习的大中专院校、技工学校、职业高中学生发生伤亡事故的，可以参照《工伤保险条例》的有关待遇标准，由当地工伤保险经办机构发给一次性待遇。

4. 失业保险

失业保险是指由国家和社会给予一定物质帮助，维持失业者基本生活和让他们实现再就业，并为有失业风险者稳定就业提供保障的一种社会保险制度。失业保险待遇主要包括：(1)失业保险金，即失业者在规定的失业期间领取的生活费；(2)基本医疗保险待遇，失业者在领取失业保险金期间参加职工基本医疗保险的，享受基本医疗保险待遇，从失业保险基金中支付；(3)丧葬补助金和抚恤金，失业者在领取失业保险金期间死亡的，参照当地对在职职工死亡的规定，向其遗属发给一次性丧葬补助金和抚恤金;(4)再就业服务,失业者在领取失业保险金期间,应当积极求职,接受职业介绍和职业培训,其接受职业介绍、职业培训的补贴由失业保险基金按照规定支付。

5. 生育保险和死亡保险

生育保险是指保障女职工因怀孕分娩而从社会上获得物质帮助的一种社会保险制度。生育保险待遇包括:(1)医疗费用,即为妇女生育提供医疗服务的费用;(2)产假,即为妇女怀孕、生育和产后照顾婴儿而设立的休假;(3)生育津贴,即生育社会保险的收入补偿,相当于妇女生育前工资的100%。

死亡保险,又称遗属保险,是指保障被保险人的供养亲属在被保险人死亡后,或者被保险人在其供养亲属死亡后,从社会上获得物质帮助的一种社会保险制度。死亡保险待遇包括:(1)丧葬补助金或丧葬费;(2)抚恤金或遗属年金,即保障死者生前所供养亲属的基本生活而提供的物质帮助。

三、劳动争议与常见纠纷

> 只有在新的社会条件下劳动才能从繁重的负担转变成轻松而愉快的生理要求的满足。
> ——[俄]车尔尼雪夫斯基

(一)劳动争议的概念和特征

劳动争议,又称劳动纠纷,是指劳动者与所在单位之间在订立、履行、变更、终止集体合同和劳动合同中因劳动关系的权利、义务而发生的纠纷。劳动争议包含以下特征:(1)劳动争议一方为劳动者,另一方为用人单位,否则不属于劳动争议;(2)劳动争议的内容涉及劳动权利和劳动义务,劳动权利和劳动义务之外的争议不属于劳动争议;(3)劳动争议的形式表现为双方对劳动权利和劳动义务的确定或实现意见不同。

(二)劳动争议处理方式

劳动争议处理方式主要有:(1)和解,即劳动者与用人单位双方自行协商达成协议。(2)调解,即在第三人主持下,通过说服、劝导,使劳动争议在当事人双方互谅互让的基础上得到解决。包括基层调解组织调解、仲裁程序中调解和诉讼程序中调解。(3)仲裁,即由仲裁机构依法对劳动争议作出裁决。(4)判决,即由审判机构依法对劳动争议作出判决。

1. 劳动争议调解与仲裁

劳动争议调解,是一种普遍适用的争议处理形式。是指劳动争议调解组织依据法律、法规、政策的规定和集体合同、劳动合同的约定,通过说服、劝导和教育,促使当事人双方在平等协商、互谅互让的基础上自愿达成解决劳动争议的协议。它属于民间调解,调解活动具有任意性,基本上不受固定程序和形式的约束,达成的调解协议不具有强制执行的效力。

劳动争议仲裁,也是处理劳动争议的一种主要方式。是指劳动争议仲裁机构对当事人请求解决的劳动争议,依法居中公断的执法行为,包括对劳动争议依法审理并进行调解、裁决的一系列活动,是诉讼前的法定必经程序。其特点主要有:(1)仲裁机构是一种依法定原则组成的半官方机构;(2)仲裁申请可以由任何一方当事人提起;(3)仲裁机构在调解不成的情况下可作出裁决,仲裁调解和裁决依法生效后具有强制执行的效力。

2. 劳动争议诉讼

劳动争议诉讼是指法院在劳动争议双方当事人和其他诉讼参与人的参加下,依法审理和解决劳动争议案件的活动。它是解决劳动争议的最后阶段。

(1)受案范围。当事人不服仲裁委员会作出的劳动争议仲裁裁决,依法向法院起诉的,法院应当受理。主要有:①仲裁委员会以当事人申请仲裁的事项不属于劳动争议为由,作出不予受理的书面裁决、决定或者通知,当事人不服,依法向法院起诉的,属于劳动争议案件的,法院应当受理。②仲裁委员会以当事人的仲裁申请超过仲裁时效期间为由,作出不予受理的书面裁决、决定或者通知,当事人不服,依法向法院起诉的,法院应当受理。③仲裁委员会以申请仲裁的主体不适格为由,作出不予受理的书面裁决、决定或者通知,当事人不服,依法向法院起诉的,经审查,确属主体不适格的,裁定不予受理或者驳回起诉。④仲裁委员会为纠正原仲裁裁决错误重新作出裁决,当事人不服,依法向法院起诉的,法院应当受理。⑤仲裁委员会仲裁的事项不属于法院受理的案件范围,当事人不服,依法向法院起诉的,裁定不予受理或者驳回起诉。⑥仲裁委员会未在法定结案期限内作出仲裁裁决,当事人就该劳动争议事项向法院起诉的,法院应当受理。

(2)诉讼管辖。劳动争议案件由用人单位所在地或者劳动合同履行地的基层人民法院管辖。劳动合同履行地不明确的,由用人单位所在地的基层法院管辖。当事人双方就同一仲裁裁决分别向有管辖权的法院起诉的,由先受理的法院管辖,后受理的法院应当将案件移送给先受理的法院。

(3)诉讼主体。诉讼当事人限于劳动者和用人单位,不服仲裁裁决的劳动者或用人单位,只能以仲裁阶段的对方当事人为被告向法院起诉,而不能以仲裁机构为被告。当事人双方不服仲裁委员会作出的同一仲裁裁决,均向同一法院起诉的,先起诉的一方当事人为原告,但对双方的诉讼请求,法院应当一并作出裁决。

(4)诉讼结局。当事人不服仲裁裁决而在法定期限内向法院起诉,仲裁裁决就处于尚未生效状态。这种效力不确定的仲裁裁决因诉讼结局不同而有不同的法律后果。如果以当事人撤诉结案,仲裁裁决在法定期限届满后生效;如果以调解或判决结案,仲裁裁决不生效。诉讼调解或判决与仲裁裁决之间是一种概括性取代关系,即诉讼调解或判决的事项与仲裁裁决的事项无论是否对应,仲裁裁决的各事项都不具有效力。例如,仲裁裁决的内容包括A、B、C项,而诉讼调解或判决的内容只有A、B项,那么,仲裁裁决中的C项仍不具有效力。

用人单位对劳动者作出开除、除名、辞退等处理,或者因其他原因解除劳动合同确有错误的,法院可以依法判决予以撤销。对于追索劳动报酬、养老金、医疗费,以及工伤保险待遇、经济补偿金、培训费及其他相关费用等案件,给付数额不当的,法院可以予以变更。

第九章 劳动法规与保障

（三）大学生跟岗（顶岗）常见纠纷及救济

应届毕业生校外实习已成为教学及毕业的一部分，实习生与用人单位之间的关系不属于《劳动法》调整的范围，那么在遇到纠纷时我们如何寻求救济？截至目前，结合司法实践，校外实习期间的纠纷及救济方式通常有以下几种情况。

1. 签订劳动合同问题

实习，顾名思义在实践中学习，是学习告一段落后的实践检验。作用在于了解相关专业岗位的工作内容、学习工作方式方法和企业文化、查找自身与职业的差距，实则是学校教学的延伸，所以实习期间大学生的身份仍然属于学生。实际中，在校大学生因不满足于用人单位所需要的一些条件，故不能签订劳动合同。我国司法实践目前通常按照劳务关系来处理，适用《民法典》的有关规定。

2. 用人单位约定试用期问题

劳动法意义上的试用期只有在签订劳动合同的前提下约定，实习生与用人单位不成立劳动法意义上的劳动法律关系，故用人单位约定试用期违法。

3. 工作时间、休息时间

《国务院关于职工工作时间的规定》第 3 条强调，职工每日工作 8 小时、每周工作 40 小时。第 6 条规定，任何单位和个人不得擅自延长职工工作时间。因特殊情况和紧急任务确需延长工作时间的，按照国家有关规定执行。严格来说，实习生虽不属于劳动法意义上的劳动者，但用人单位应该按上述规定执行工作、休息时间。

4. 工资结算问题

由于实习生与用人单位并未建立劳动关系，故在发生劳动争议时可先与用人单位协商解决，也可以请校方共同与用人单位协商，不能友好协商的应当到用人单位所在地的基层法院提起民事诉讼以维护自己的合法权益。

5. 社保待遇

根据规定只有成为劳动法意义上的劳动者时，用人单位才有义务为其购买社会保障待遇。

6. 意外伤害

如果能确认劳动关系，按照有关法律规定，劳动者在用人单位受伤后，应当进行工伤认定，医疗费用由工伤保险或者由没有办理工伤保险的单位支付；如果不能确认劳动关系，由学校集中安排的实习生，学校和用人单位应当对实习生承担连带赔偿责任，实习生可以选择其中一方或者两方承担赔偿责任。而自主实习学生只能选择用人单位承担赔偿责任。

7. 实习生被辞退

实习生虽然不是正式员工，但应该遵守用人单位的相关规定及岗位操作规程等，是否可以辞退实习生以实习协议上的规定为准，若无正当理由将实习生辞掉，用人单位应当承担违约责任。

劳动实践

开展一次"职业院校实习生劳动权益保护"调查研究

（一）任务概述

活动主题：关注学生在实习过程中遇到的劳动权益被侵害问题，提高学生的劳动权益保护意识。

活动内容：由于学生本身法律意识不强，以及权利救济途径缺失等多重不利因素影响，学生的劳动权益往往得不到法律保护。以小组（6～10人）为单位，以所在院校和其他同类学校实习生（不少于200人）为调查对象，对他们在实习过程中遭受的劳动权益被侵害事实进行收集、整理、分析和研究，试图寻找切实可行的解决办法，撰写一篇调查报告，并在班级进行交流讨论。

（二）任务实施步骤

第一，准备阶段。

（1）进行活动前的动员，开展有关劳动权益保护调查意义的教育。

(2)根据调查目的确定所需的信息资料,设计制作调查问卷。

(3)提前确定好调查对象。

第二,实施阶段。

(1)向调查对象发放调查问卷,并及时回收调查问卷。

(2)对调查问卷进行整理、统计、分析,归纳出调查结果。

第三,总结阶段。根据分析、统计的情况,撰写调查报告。

(三)任务实施过程提示

注意采用分层随机抽样的方法,选取不同学校、不同专业和不同性别的部分学生作为本次调查的对象,回答问卷须采取无记名方式,以保证样本的全面性和真实性。

(四)任务评价

(1)本次任务是否提前布置?　　　　　　　①是____②否____

(2)本次活动策划是否规范、完整?　　　　①是____②否____

(3)调查报告是否为学生原创?　　　　　　①是____②否____

(4)本次活动有没有取得预期效果?　　　　①有____②没有____

(5)对活动作出评价,评分标准如下:

"'职业院校实习生劳动权益保护'调查研究"活动评价标准

评价标准	分值	分数小计	教师评价
调查对象的选择符合标准	20分		
积极认真参加活动全过程	20分		
调查问卷设计合理	20分		
调查报告真实可信	20分		
班级交流	20分		

(五)任务小结

撰写一篇以"职业院校实习生劳动权益保护调查研究"为题的调研报告。通过本次劳动探索,培养学生理论联系实际以及分析和解决问题的能力,提高他们的劳动权益保护意识。

【学习反馈】

(1)学习本章内容后,我的心得体会:

(2)学习本章内容后,我还想了解的相关知识点:

(3)学习本章内容后,我对劳动法规与保障的新认识: